はじめに

スポーツ現場での医療体制がまだそれほど整っていなかった一昔前、主にラグビーなどの試合場で“魔法の水”がもてはやされました。相手選手と激しくぶつかるプレーの多いラグビーでは、試合中、頻繁に選手が倒れます。脳しんとうなどを起こして一時的に意識を失いかけた選手に、やかんに入った水を一気にかけると選手が目を覚まして立ち上がり、プレーを再開する。水が気付け薬のように効いて、ほとんどの選手は面白いように回復するので、“魔法の水”と形容されて盛んにこれが使われていました。

現場での医療体制が見直されるにつれ、さすがにこのような荒療治は姿を消し、やかんの水は救急箱に変わり、やかんを持って走っていた控え選手は、ドクターやトレーナーに変わりました。魔法の水伝説は終わったのです。

魔法の水は姿を消しても、それよりはるかに利用価値の高い道具があります。それは“氷”であり、誰にでも簡単に手に入るこの氷を上手に用いれば、スポーツをする人は実にいろいろな恩恵を得ることができます。試合や練習中に起きたけがの応急処置、さらにそのけがから復帰するためのリハビリ、慢性的な痛みの緩和と予防、疲労回復、ウォーミングアップの補助的手段、試合後のクーリングダウン…等々。スポーツ選手にとってまさに“魔法の氷”となり、その応用範囲は多岐にわたります。

その“魔法の氷”（または氷に準ずる冷却用具）を用いた様々なスポーツ医学的テクニックを総称して“アイシング”と呼びます。アイシングは、テレビのスポーツ中継などを通じてその存在は広く知られるところとなりましたが、正しいテクニックや理論的背景については、まだ十分に普及してはいません。スポーツを愛する人々に、アイシングを通じてより安全に、より効率よく、そしてより楽しくプレーしていただくために、この本は企画されました。一通り読んでいただければ、アイシングの基本と概要がつかめるようにまとめられています。アイシングをもっと身近にして、よりよいスポーツライフを送っていただければ幸いです。

最後に本書を出版するにあたり、多大なご協力をいただいた宮村淳さん、大修館書店編集部の綾部健三さんをはじめ多くの皆様に心より感謝いたします。

2001年3月吉日

山本利春、吉永孝徳

もくじ

第1章　アイシングとは何か

1-1　アイシングとは、つまり冷やすこと …… 6
1-2　応急処置のエース …… 7
1-3　アイシングは万能選手 …… 9
1-4　慢性的な痛みにも有効 …… 10
1-5　勝つためのアイシング …… 12
1-6　医療現場でも用いられるアイシング …… 14
1-7　アイシングvs湿布薬 …… 16
◆COLUMN◆遠征先での氷の確保法 …… 18

第2章　アイシングの科学

2-1　アイシングの生理学①――けがによって組織はどうなるのか？ …… 20
2-2　アイシングの生理学②――冷やすことによる効果 …… 22
2-3　アイシングの生理学③――RICEの生理学的効果 …… 24
2-4　アイシングの生理学④――慢性的な痛みに対する冷却効果 …… 26
2-5　アイシングの生理学⑤――筋疲労に対するアイシングの効果 …… 29
2-6　アイシングの生理学⑥――ウォーミングアップ前のアイシングの効果　31
2-7　氷の持つ優れた能力――他の冷却用具との比較 …… 33
◆COLUMN◆アイスパックの作り方 …… 36

第3章　アイシングの実際

3-1　アイシングに必要な道具① —— 氷 …… 38
3-2　アイシングに必要な道具②
—— ビニール袋、バンデージ、アイスボックス …… 39
3-3　アイシングに必要な道具③ —— バケツ、その他 …… 42
3-4　アイシングに必要な道具④ —— あると便利な道具たち …… 43
3-5　RICEの基本 …… 45
3-6　応急処置のあと …… 48
3-7　部位別・傷害別アイシング① —— 足首の捻挫 …… 50
3-8　部位別・傷害別アイシング② —— 大腿部後面の肉離れ …… 52
3-9　部位別・傷害別アイシング③ —— 大腿部の打撲 …… 55
3-10　部位別・傷害別アイシング④ —— ぎっくり腰 …… 57
3-11　部位別・傷害別アイシング⑤ —— 突き指 …… 59
3-12　部位別・傷害別アイシング⑥ —— その他の急性傷害 …… 61
3-13　慢性障害のアイシング① —— 肘の痛み …… 62
3-14　慢性障害のアイシング② —— 膝の痛み …… 66
◆COLUMN◆アイシングをしてはいけない人 …… 68
3-15　慢性障害のアイシング③ —— 肩の痛み …… 70
3-16　慢性障害のアイシング④ —— 腰の痛み …… 72

3-17　慢性障害のアイシング⑤ ―― 足裏、すね、アキレス腱の痛み ……… 74

3-18　慢性障害のアイシング⑥ ―― 手首、足首の痛み ……………………… 77

3-19　凍傷の予防 ……………………………………………………………… 78

3-20　アイシング時の三禁 …………………………………………………… 80

3-21　移動・就寝中のアイシング …………………………………………… 82

3-22　アイスマッサージの特徴と適用 ……………………………………… 83

3-23　熱中症に対するアイシング …………………………………………… 85

3-24　出血を伴う場合のアイシング ………………………………………… 86

3-25　疲労回復のためのアイシング ① ―― ピッチャーの投球後 ………… 88

3-26　疲労回復のためのアイシング ② ―― 連戦を乗り切るために ……… 91

3-27　クライオストレッチ …………………………………………………… 93

3-28　クライオキネティックス ……………………………………………… 95

3-29　冷やす vs 温める ………………………………………………………… 97

●参考文献 ………………………………………………………………………… 99

●さくいん ………………………………………………………………………… 100

第1章

アイシングとは何か

1―1

アイシングとは、つまり冷やすこと

1 アイシングは特別なものではない…

アイシングというと、まず思い浮かべるのが野球のピッチャーでしょう。勝利投手になったピッチャーが肘や肩に大きなバンデージを巻いてインタビューに応える光景が、テレビのプロ野球中継で連日のように見られるようになりました。あの大きなバンデージの下で肩や肘を冷やす、その行為を「アイシング」と呼ぶことはスポーツにそれほど縁のない人々の間でも、今やかなり知られています。

ただ、プロ野球の光景があまりにも目に焼きついてしまっているため、アイシングはプロ野球のようにレベルの高いスポーツ選手だけが行う特別なもの、あるいはピッチャーだけに特別に必要なもの、と考えている人もまた多いようです。

アイシングは、決して特別なものではありません。スポーツをやる人なら種目とレベルを問わず、初心者から上級者までの老若男女が手軽に利用できるとても便利なものです。草野球やゴルフはもちろん、健康増進のために行うウォーキングやジョギング、エアロビクス、さらに趣味で行うダンスや登山……。体を動かす場面、いつでもどこでもアイシングは活躍します。利用法は、けがの応急処置から始まって慢性的な痛みの緩和、あるいは使い方によってはウォーミングアップやクーリングダウンの補助としても有効です。スポーツ選手・愛好家にとってコンディショニングの強い味方、使えば使うほどに効果と便利さを実感できるもの、それがアイシングです。

例えばふだんあまり運動をしていないお父さんが、子どもの運動会で久しぶりに全力疾走したとします。そうすると、ほとんど例外なく翌日、翌々日にはひどい筋肉痛に悩まされます。このようなとき、走った後にアイシングで筋肉を冷やしておくだけで、翌日以降の痛みが全然

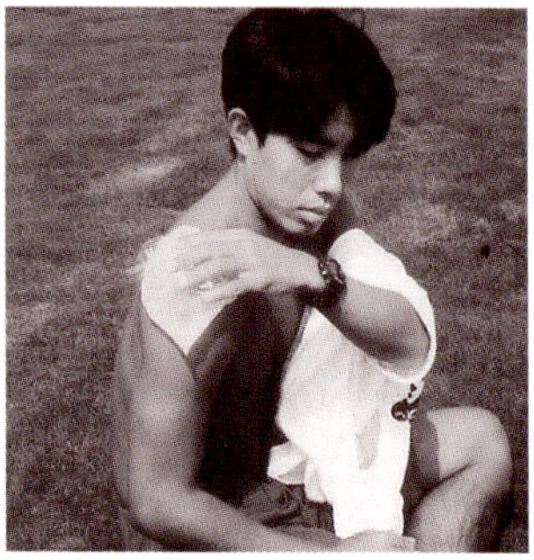
図1-1　肩のアイシング

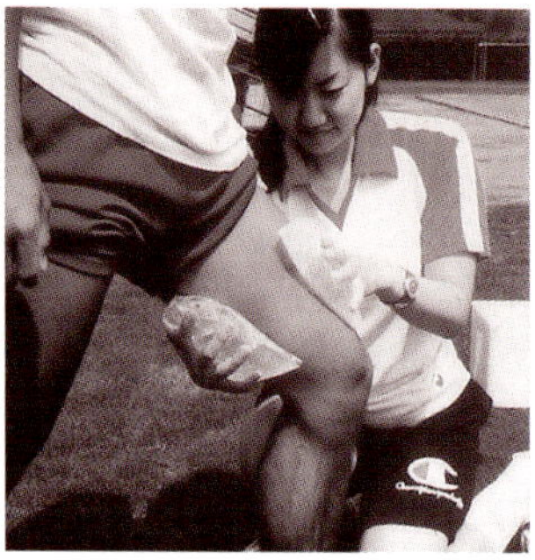
図1-2　大腿部のアイシング

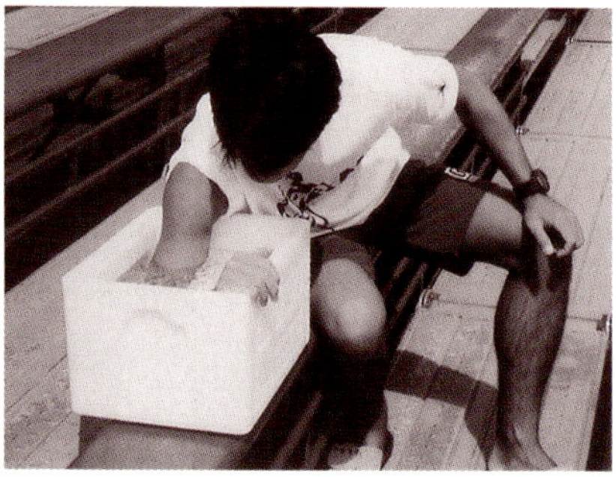
図1-3　肘のアイシング

違ってくるのです。

2 家庭医学としても

スポーツ以外の日常生活の場面でもアイシングは広く応用できます。捻挫や打撲といったスポーツでよく起こるけがは日常生活や職場での作業中にも頻繁に起こりますので、スポーツでの応急処置がそのまま利用できます。また多くの人が悩む腰痛や肩凝り、腱鞘炎などにも応用できますし、火傷や発熱、歯痛の際に当たり前のように行っている「冷やす」という処置も、スポーツ医学としてのアイシングの知識と技術を応用すれば、より効果を上げることも期待できます。

いわばアイシングは、スポーツ医学としてだけでなく、家庭医学、職場医学としても十分使えるものなのです。しかも特別な医療器具を必要とせず、氷さえ用意すれば誰でも簡単に行うことができます。

これまでアイシングの利便性は十分に語られていませんでしたが、この本を読めば、きっとお気づきになることでしょう。氷さえあれば、もっと多くのことが可能になると。

1—2

応急処置のエース

1 保健室に氷はありますか？

アイシングはスポーツのいろいろな場面で有用ですが、最も威力を発揮するのはけがの応急処置を行うときです。捻挫や打撲といったスポーツ活動で頻発するけがの応急処置としては、何よりもまず「冷やすこと」（つまりアイシング）が最優先されます。冷やすことでけがの悪化を防ぎ、回復を早める効果があるのです（詳しくは22頁参照）。アイシング以外の別の手段をとったとしても、アイシング以上の効果は得られません。アイシングはそれほど優れた存在であり、応急処置のエースなのです。

ですから、スポーツ現場で何かトラブルが起こったときの準備として、氷は必要不可欠なア

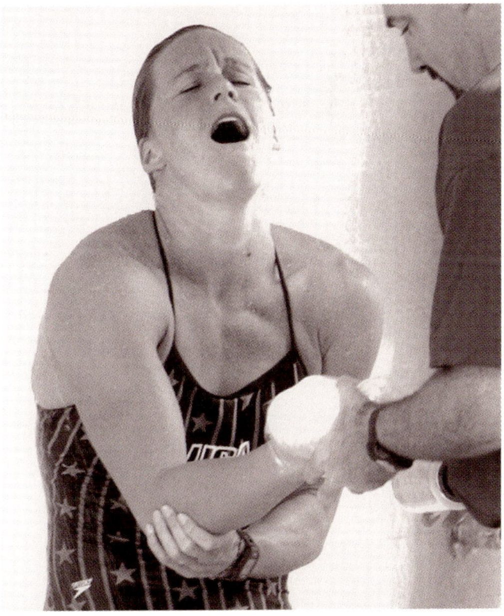

図1-4　練習中に指を負傷し、アイシングをする競泳のトンプソン選手（アメリカ）（共同通信社提供）

イテムになります。しかし、昔からの習慣で、救急箱の中に湿布薬やコールドスプレーは入っているが氷は用意していない、また学校の保健室にも氷がないといったケースもまだまだ多いようです。

けがが起きたら、湿布よりもまず氷。できればグラウンドや体育館まで氷をアイスボックスに入れて運んでおきます。それができない場合でも、部室や保健室に製氷機や冷蔵庫を備えつけるなどして、けがが発生したらいつでも氷が用意できるような体制を整えましょう。

2 病院へ行く前が大事……………………

スポーツでけがをしたとき、医師に診てもらうかどうかの基準は、人によって判断が分かれるところです。本当はどんなに小さなけがでも念のため診てもらったほうがいいのですが、現実にはそうもいきません。

一般的には、痛みが我慢できないほど激しいとか、１日経っても腫れや痛みが引かない、どんどん腫れが大きくなる、といったケースでは、ほとんどの人が病院へ行く決心をすると思います。病院へ行って治療を受け、薬をもらえば一安心。確かにそうです。

しかし、実はそれ以前が大切なのです。けがをしてから病院へ行く決心をして、実際に診察を受けるまでには、かなりの時間が経過しているはずです。その間に何もしないで放っておくと、けがはじわじわと広がり、悪化の方向へと向かいます。

一つのサインが「腫れ」です。腫れが大きくなるということは、実際に損傷を受けた細胞だけでなく、その周囲の細胞にまで被害が広がっていることを意味しています（詳しくは20頁参照）。こうなると、確実に治るのは遅くなってしまいます。

3 応急処置が復帰を早める……………

スポーツ選手なら誰でも、一刻も早く練習や試合に復帰したいはずです。けがを１日でも、１時間でも早く治し、速やかに現場復帰するために重要なのが、けがをした直後の対応、もう少し長い目で見れば、病院へ行く以前の対応です。これが、いわゆる応急処置で、その善し悪しによって、けがの治り方と現場復帰までの期間が大きく左右されると言っても過言ではありません。

そして応急処置の中で最も重要で絶対に外せない要素がアイシングなのです。アイシングは、氷と若干の道具さえあれば時と場所を選ばず行うことができますし、基本的な知識とテクニックを身につければ誰にでも簡単に実施することができます。

湿布やコールドスプレーより、まず氷を用意しましょう。そしてアイシングをやってみましょう。その効果は、一度経験すればすぐにわかるはずです。

1—3

アイシングは万能選手

1 炎症が起きていればアイシング……

応急処置としてアイシングを用いる場合、それが有効な主なけがは以下の通りです。

・捻　挫（突き指を含む）
・肉離れ
・打　撲
・脱　臼
・骨　折

実際にどのようなけがなのか、その診断は医師にしかできません。ですから正確に言えば、上記のようなけがが疑われる場合は、すべてアイシングが有効であるということです。

例えば、球技で相手と激しくぶつかり、ある部位がものすごく腫れていて痛いとします。単なる打撲かもしれないし、ひょっとしたら骨にヒビが入っているかもしれません。こうした場合、確定的な診断は病院でレントゲンを撮ったうえで医師によってなされますが、現場での応急処置としては、アイシングをしておいて間違いはありません。

大まかな目安としては、腫れ、痛み、熱といった炎症反応が起きている場合は、アイシングの対象になります。ただし、けがの種類によってアイシングの具体的な方法は異なります。

2 こむら返りにも…………………………

その他、スポーツをしていてよく起こる現象に「こむら返り」があります。ふくらはぎの筋肉がつって一時的に縮んだままの状態になってしまうもので、これが起こると運動の続行は不可能です。慌てずにストレッチングをすれば自然に治りますが、ひどい場合は痛みが翌日以降に残ります。これは筋肉が異常収縮し、小さな損傷を起こしているためと考えられます。翌日以降にダメージを残さないようにするため、ストレッチングした後にアイシングをしておくとよいでしょう。こむら返りが治って試合や練習に復帰した場合も、運動後のケアとしてアイシングをしておけば、翌日以降のダメージを最小限にくい止めることができるでしょう。

図1-5　スポーツで起こるいろいろなけがにアイシングは有効

なお、こむら返りと似た現象は、大腿部や腹筋など他の部位でも起こりえます。いわゆる「筋けいれん」と呼ばれるもので、疲労の激しいときやウォーミングアップ不足のときにしばしば起こります。これらも同様にアイシングをすることによって、事後の筋肉へのダメージを減少させることができます。

3 けが以外にも有効

応急処置が必要なのは、上記のようなけがばかりではありません。スポーツ活動の周辺では、他にもいろいろなトラブルが起こりえます。例えば次のような場合にもアイシングは有効です。

・熱中症（炎天下など極度に暑い環境で運動を行い、体温調節機構に異常をきたした結果起こる症状の総称。一般に日射病、熱射病と呼ばれるものもこれに含まれる）
・鼻　血
・虫刺され（クラゲを含む）
・日焼け（火傷）
・歯　痛

これらのトラブルの際には、これまで経験的に「冷やすこと」が行われてきました。腫れや痛みを抑えるために冷やすという行為は、他ならぬアイシングの原理を利用していたのです。風邪などで発熱したときに氷枕や氷嚢《ひょうのう》を使うのも、まさしくアイシングです。

4 出血を伴う場合

スポーツ中のけがは、しばしば出血を伴います。試合中に派手に転んだときなど、皮膚に切り傷や擦り傷があって出血していることが多いものです。そして皮膚の下では、往々にして打撲も同時に起きています。血が出ているとけがをした本人も周りの人も慌ててしまい、消毒や止血ばかりに頭がいってしまいますが、打撲も同時に起きていれば、そちらに対する応急処置としてアイシングを忘れてはいけません。こうした場合は、グラウンドの土などで汚れた傷口を洗浄、消毒した後、止血と感染症予防のため患部を保護してから通常のアイシングをします（具体的な方法は86頁参照）。

1—4

慢性的な痛みにも有効

1 スポーツ選手共通の悩み

スポーツを長くやっていると、持病ともいえるような痛みがどこかに生じることがしばしばあります。これは特定の関節や筋肉に繰り返し負荷がかかる結果起こる現象で、いわゆる慢性障害と呼ばれるものです。多くのスポーツ選手がこれに悩み、日々、その痛みとうまくつきあいながら、練習や試合をこなしていることでしょう。

日々の酷使で、特定の部位が悲鳴を上げることはある程度止むを得ません。これはスポーツ選手の宿命ともいえるもので、競技レベルが高くなればなるほど、練習もそれだけハードになりますから、抱える問題も深刻になる傾向にあります。

慢性障害は痛みがひどくなれば練習や試合に支障をきたすことになりますが、練習量のコントロールや、対象部位に対する日頃のメンテナンスを丹念に行っていれば、悪化を防ぎ、それまでのスポーツ活動を継続することが可能です。

しばらく練習を休むという選択も含め（しばらく休めば痛みや炎症が治まるケースが多い）、医師や監督・コーチと相談して最善の方策を見つけ、障害の悪化をくい止めましょう。

2 アイシングによるメンテナンス……

慢性障害のメンテナンスをする際、その重要な手段となるのがアイシングです。痛みのある部位を冷やすことで、痛みとそれに伴う筋肉のこわばり（スパズムという。詳しくは26頁参照）を軽減することができます。ですから慢性障害のある選手は練習後のアイシングを習慣化すれば、よりよいコンディションで日々の練習に臨めることでしょう。スポーツで慢性的な痛みが起こりやすい部位に対する基本的なアイシングのテクニックを第3章で紹介していますので、お役立てください。

野球のピッチャーが投球後に肩や肘を冷やすのは、実はこうした意味合いも大きく、もともと慢性障害を持つピッチャーの場合はその悪化を抑え、持たないピッチャーの場合は発生を未然に防ぐために冷やしているのです（その他に疲労回復やクーリングダウンといった意味合いもある）。投球動作の繰り返しによって、肩や肘の関節や周囲の筋肉には目に見えない微細な炎症が起きます。それを最小限にくい止める効果がアイシングにはあります。

3 アイシング＋α……………………………

ただし、アイシングだけ行っていればメンテナンスは十分というわけではありません。関節への負荷を軽減するため周囲の筋肉を鍛えること、すなわち筋力トレーニングも重要な手段となりますし、関節のスムーズな動きを確保するために筋肉の柔軟性を得るストレッチングもやはり重要です。それらの自己管理を総合的に行う中にアイシングをしっかりと位置づければ、きっと、よりよいコンディションづくりに寄与することでしょう。

4 成長期の障害にも…………………………

ここまでの話は、成長期を終えた大人のスポ

図1-6
野球では投球動作の繰り返しによって、肩や肘の関節や周囲の筋肉には微細な炎症が起こる。アイシングには、それを最小限にくい止める効果がある。

ーツ選手を主な対象として述べてきましたが、骨や軟骨がまだ成長過程にある子どもではそれらの組織が弱く、傷つきやすいため成長期特有の慢性障害が発生します。野球をする子どもに頻繁に起こる野球肘（63頁参照）、10代前半のバスケットボール、バレーボール、陸上競技、サッカーなどの選手に多いオスグッド病（67頁参照）がその代表例です。野球肘はその名の通り肘が、オスグッド病は膝のお皿の下あたりが痛くなります。

痛みを我慢して無理を重ねると、スポーツを続けることが困難になるほど悪化してしまいます。ですからこれらの障害が疑われる場合は、将来のことを考え、悪い芽はきれいに摘んでおくことを最優先に考えるべきです。いち早く専門医の診断を受け、医師の指示に基づきしばらく練習を休ませるなどの処置が必要です。

しかしオスグッド病の場合、ただ休養しているだけでは思うように症状が改善しないケースもよくあります。そうしたときにアイシングが活躍します。治療の一環として患部のアイシングと大腿四頭筋（太ももの前側の筋肉）のストレッチングを行うのです。すると、頑固だった症状が改善してくることがあるので、試してみるとよいでしょう。

1―5

勝つためのアイシング

1 筋温とパフォーマンスとの関係……

アイシングが活躍するのは、けがや痛みがあるときばかりではありません。スポーツをしている最中、自分の能力をより発揮するために利用する場合もあります。いわば「勝つためのアイシング」です。

典型的な例は、マラソンでよく見られます。給水所でボトルを取り、それを飲むだけでなく脚や腕にかけている選手を見たことがあるでしょう。夏のレースでは、最近、多くの選手がこれを実施するようになりました。冷たい水を筋肉にかけると単に気持ちいいだけでなく、筋肉の状態をよりよくすることができます。これは、筋温（筋肉の温度）と筋肉が発揮するパフォーマンスの関係から説明することができます（図1-7）。筋肉が最も力を出しやすい温度という

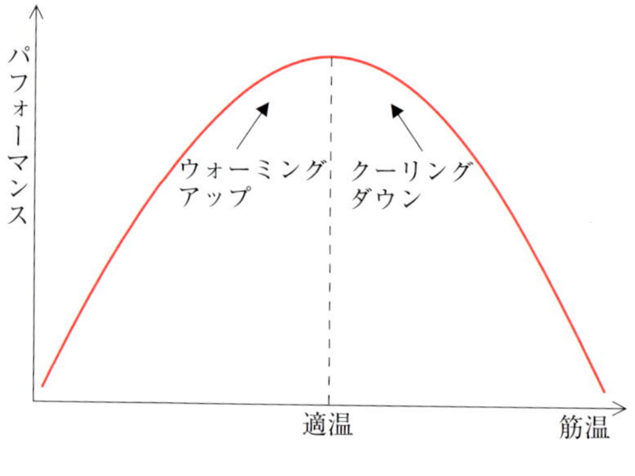

図1-7　筋温とパフォーマンスとの関係

のが存在し、これはそれほど個人差がなく、普遍的です。ですから運動するときはできるだけこの筋温を保つように心掛けると、それだけ高いパフォーマンスを得られることになります。

2 筋肉を直接冷やせ！

私たちは運動前に必ずウォーミングアップを行いますが、その大きな目的は筋温を上げることにあります。軽いジョギングや柔軟体操などをして、私たちは無意識に筋温を上げ、筋肉が能力を発揮しやすい状況をつくっているのです。

さて、ウォーミングアップで十分筋肉を温め、主運動（試合など）に入ります。すると、筋温はさらに上昇を始めます。体中が熱くなって発汗量が増し、盛んに体温調節が行われます。しかし、汗を出すだけでは間に合わず、筋温は運動に適切なレベルを超え、次第に上昇していきます。そして筋温の過度な上昇とともに、運動の持久的なパフォーマンスはそれに反して下降していきます。

特にマラソンなど長時間にわたる競技では、筋温はレースの進行とともにじわじわと上昇し、発揮するパフォーマンスも次第に衰えてきます。マラソン選手が後半になるとスピードが低下していくのは、筋肉の疲労やエネルギー源の枯渇などのほかに、この筋温の上昇も関係していると考えられます。そこで選手たちは筋肉に直接冷たい水をかけ、筋温の上昇を少しでも防ごうとしているのです。

最近ではサッカーでもこの考え方が応用され、真夏の試合などではピッチ脇に用意したボトルの水を脚にかけ、筋温を下げようとする選手が目立つようになりました。オリンピック代表チームはかつて東南アジアで行われた大会で、暑さ対策として試合開始時にちょうど溶けるように凍らせたボトルを用意し、成果を上げたという逸話もあります。

図1-8　試合後、右脚にアイシングをして星条旗を掲げる陸上競技・ジョンソン選手（アメリカ）（共同通信社提供）

これらは広い意味で一種のアイシングといえます。けがや痛みのあるときに用いるアイシングと違って積極的なイメージがあります。

3 インターバルタイム、ハーフタイムにも

こうしたアイシングの利用法は、マラソンやサッカーなどの試合中ばかりでなく、試合間やラウンド間のインターバルタイム、あるいはハーフタイムにも応用できます。実際に利用されて成果を上げている例としては、陸上競技で1日に何本もレースがある場合、あるいは柔道で

トーナメントを勝ち上がっていく場合などがあげられます。前者はレース直後に脚を、後者は試合直後に前腕部をアイシングすると、筋疲労の緩和ともあいまって、選手がとてもリフレッシュします。これらの方法はテニス、卓球、バレーボールなどのセット間のインターバル時にも応用できますので、ぜひお試しください。

ただし、冷やしすぎは禁物です。あくまでも筋温を適度に下げるのが目的のアイシングですから、冷やしすぎて筋温が下がりすぎてしまうと、逆にパフォーマンスの低下を招く恐れがありますし、ウォーミングアップを再度しなければならないという非効率な事態にもなりかねません。

さらに、球技のハーフタイムなどに応用する場合は、チーム内の個人差も考慮しなければなりません。ポジションや試合展開によって、前半の運動量は選手によって全く異なるはずです。激しく動いた選手はアイシングをするけれども、あまり動かなかった選手はアイシングしないでストレッチングだけ、といった臨機応変な対応が必要でしょう。

1—6 医療現場でも用いられるアイシング

1 手術直後からのリハビリに…………

アイシングはスポーツ現場ばかりでなく、医師が関与する専門的な医療現場でも効果が認められ、最近では広く応用されています。例えば靱帯を完全断裂するといった深刻なスポーツ傷害の際には、手術が必要になります。手術後は傷口がひどく痛むため、すぐにリハビリを始めることは困難です。一刻も早く競技復帰したいスポーツ選手の場合でも、かつては手術後3日間くらいは安静にしているのが常識でした。

しかし最近では、アイシングの技術が応用され手術直後からリハビリを始める方法が一般化しています。例を挙げましょう。膝の関節の中にある前十字靱帯は、スポーツ選手が競技中に不可抗力でよく切ってしまう靱帯です。それを修復する手術をした直後から、冷水が循環する装置（図1−9）を使って膝のアイシングを始めます。アイシングを行いながら、他動的に膝を伸ばす装置を使ってゆっくりと膝を曲げ伸ばしする運動を繰り返し行います。患者は機械の動きに身をゆだねるだけです。

手術後、そのままにしておくと傷口の痛みのために周囲の筋肉が硬くこわばり、関節が容易に動かなくなってしまいます。それを防ぐために「アイシング＋他動運動」という方法が採用されるわけですが、これを採用すると手術後の経過がよく、回復も非常に早いということで、スポーツ整形外科の臨床現場では主流になりつつあります。アイシングがもたらすメリットとしては、まず筋肉のこわばりを防ぐこと（痛み—筋スパズムという悪循環を断ち切る。26頁参照）、さらに手術によって傷つけられた組織の周囲の細胞を守ること（二次的損傷の予防。22頁参照）などが挙げられます。

整形外科以外でも、たとえば脳外科の応急処置として、脳内出血を抑え、損傷が広がるのを防ぐために冷却処置がとられます。「アイシング」という用語を用いるかどうかは別として、冷やすことは医療現場で重要な役割を果たしているのです。

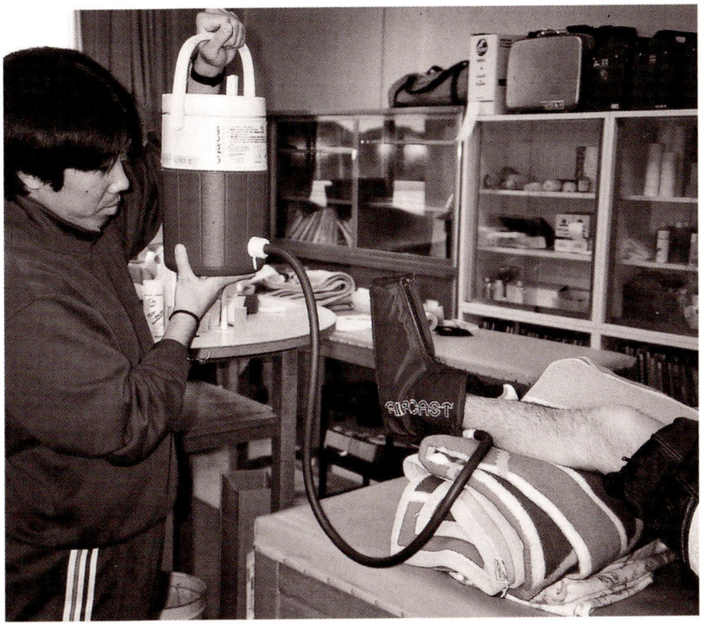

図１-９　冷水を循環させて患部を適度に保冷する装置

2 外れた関節が入れやすくなる………

本来収まっているべき関節から骨が外れてしまうのが脱臼です。これもスポーツではよく起こるけがの一つです。脱臼が起こった場合は、とにかく外れた骨を元の位置に戻すのが最優先の処置です。病院や整骨院へ行ってその処置をしてもらうことになりますが、脱臼が起こってから実際に診察を受けるまでの間には往々にしてタイムラグが生じてしまいます。

その間にアイシングが活躍します。脱臼が起これば、その関節の周囲はひどく痛みます。すると、その痛みを引き金として周囲の筋肉が硬くこわばり、第三者が骨を元に戻そうとしても、簡単には動かなくなってしまいます。そのため医師は筋弛緩剤を注射してから処置をしたりするのですが、事前にアイシングをしておけば、注射をしなくてすむ場合が少なくありません。

スポーツ選手がよく来院する某病院では、脱臼とわかっている患者に対しては、待合室にいる間に患部をアイシングさせています。冷やせば筋肉の緊張を和らげることができ、また痛みの軽減にも役立ちます。頃合いを見計らって医師が処置を施すと、うまくすれば麻酔や筋弛緩剤を注射しなくても無理なく外れた骨を元に戻すことができます。この処置方法はまだ一般的ではありませんが、アイシングによって関節周囲の組織の損傷を軽減することもできるので、現在注目されています。

脱臼すべてに適用できるわけではなく、あくまでもケースバイケースですが、利用した場合のメリットとしては以下のような点をあげることができます。

・筋肉の緊張を和らげ痛みを軽減するので、短時間で骨を戻すことができる。
・麻酔や筋弛緩剤の注射をしなくてすむことが多い。
・患者が待っている間の苦痛が軽減される。

COLUMN

遠征先での氷の確保法

製氷機、または最低限冷蔵庫を備えつければいいのですから、ふだんの練習時に氷を確保するのは、予算とやる気さえあれば簡単に実現可能です。

しかし問題は、ふだんの練習場を離れるとき、すなわち遠征時です。氷は溶けてしまうので初めから持って出掛けるわけにはいきません。何とかして現地で確保しなければならないのです。

以下、いくつかのシチュエーション別に確保の方法を示しましょう。

◆ホテル、旅館で

大型のホテルや旅館には、厨房にたいてい製氷機がありますので、分けてもらうよう交渉するとよいでしょう。アイスボックスを夜のうちにフロントに預けて、朝、出発までに氷を詰めておいてもらいます。

◆ビジネスホテルで

レストランを持たないビジネスホテルには厨房がありません。しかしたいていの場合、飲み物用の製氷機がサービスコーナーにあります。それを利用します。

◆コンビニで買う

宿泊先でどうしても氷を確保できない場合は、近所のコンビニエンスストアやスーパーでロックアイスを買って使います。

◆農協、漁協にお願いする

田舎で合宿をするときは、地元の農協や漁協にお願いすると氷を確保できる場合があります。漁協ではふつう、水揚げした魚の鮮度を保つため毎日大量の氷を消費します。そこへ出向いて、余分な氷をもらってくるのです。

いずれにしても、氷の確保はトレーナーやマネージャーの重要な仕事です。事前に調査するか、それができない場合でも、現地に到着したらすぐに行動を開始する必要があります。

なお、試合会場ではまず氷は確保できないと考えておいたほうがいいでしょう。医務室が備えつけられていても、その中に常時医薬品や製氷機が完備されているわけではないですし（医療スタッフが自分で持参するのがふつう）、競技場は一般的に郊外にあって近所にコンビニすらない場合も多々あります。ですから、氷はあらかじめ確保して持参するほうが賢明です。

宿泊先に着いたら、速やかに氷の確保をしよう。

第2章

アイシングの科学

2—1

アイシングの生理学①
——けがによって組織はどうなるのか？

1 生理学の理解なくしてアイシングなし！

第１章で解説したように、アイシングは捻挫、肉離れ、打撲などスポーツ中によく起こるけがの応急処置として、とても有効な手段です。では、なぜアイシングが有効なのか。これについて理解するには、まずけがが起きたとき体の中でどんなことが起きているのか、そのメカニズムを知らなければなりません。

そんな難しい話は医者に任せておけばいい、そう考える人もいるでしょうが、アイシングの効果を十分に引き出し、応急処置やコンディショニングの手段として最大限に利用するには、この「アイシングの生理学」を理解することがとても重要になります。アイシングを活かすも殺すも、この部分の理解次第だといっても過言ではありません。

2 細胞が壊される

骨や内臓まで傷つけられてしまう例は別として、スポーツで起こるけがの大半は、靱帯や筋肉が傷つけられる現象であると言い換えることができます。捻挫の場合は靱帯が、肉離れや打撲の場合は筋肉が、外力（本来耐えうる以上の力で引き伸ばされたり、大きな力で物や人がぶつかったりする）によって大小さまざまな損傷を受け、その部分を中心に痛んだり、腫れたりします。

この損傷の状態を細胞レベルまで細かく見ていきましょう。けがの程度がどうであれ、またその組織が靱帯であれ筋肉であれ、損傷を受けた部分の細胞は壊れてしまいます。細胞膜が破れて細胞の中にあった細胞液が周囲に流れ出したり、近くの毛細血管が切れて血液が流れ出したりします（これを総称して「内出血」という。図2−1)。損傷の程度が大きければそれだけ壊れる細胞の数が増えますので、流れ出る細胞液や血液の量も多くなります。それらの液体は、まだ無事な細胞の周囲に浸透し、細胞と細胞の間を浸します。これが、けがが起きた直後の状態です。

3 周囲の細胞にも悪影響が…

内出血が起こると、その一帯の細胞はけがをする前とは大幅に異なる環境にさらされます。まず、けがによるダメージで毛細血管が切れると、生きるために必要な酸素や栄養素の補給路が断たれることになり、細胞は途端に死滅の危機に瀕します。

さらに、壊れていない健康な毛細血管にも内出血の影響は及びます。細胞の外に染み出した細胞液や血液は、その水圧によって周囲の毛細血管を押し曲げます。毛細血管は本来、細胞に隣接して酸素や栄養分を送り届けているのですが、この押し曲げられるという物理的刺激によ

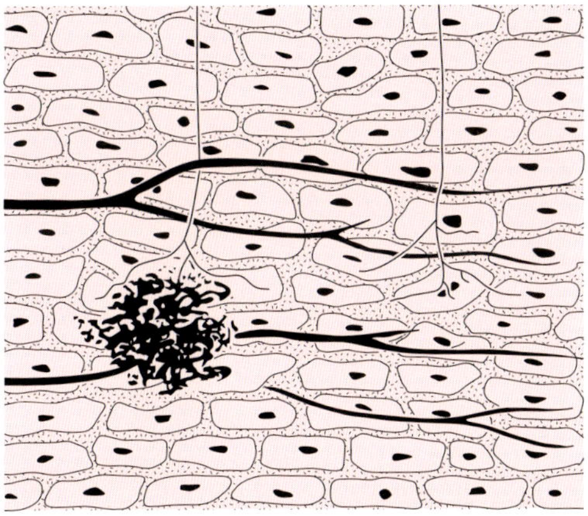

図2-1　一次的なダメージによって破壊された細胞と毛細血管（K. Knight著、田渕健一監修『クライオセラピー』ブックハウス・エイチディ、1997より）

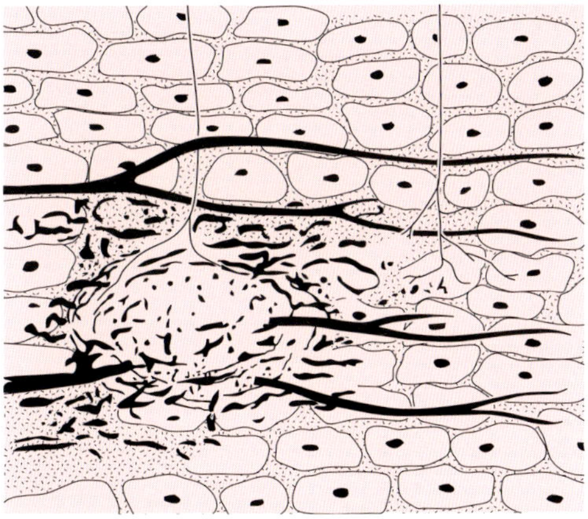

図2-2　二次的低酸素障害が広がり周囲の細胞はその影響を受ける（同左）

って本来あるべき位置から引き離され、正常な血液循環が阻害されてしまうのです。その結果、健康な細胞の酸素や栄養素不足に拍車がかかることになります。

細胞内の生命活動によって産生される老廃物の除去にも支障をきたします。老廃物を運ぶのも血液の役割ですから、毛細血管が切れたり、その機能が衰えたりすると、老廃物が細胞内にどんどん溜まった状態になります。同時に新鮮な酸素や栄養分の供給もかなり妨げられるわけですから、細胞の代謝は著しく損なわれます。

話を整理しましょう。けがによって一部の毛細血管や細胞が破壊されると、その周辺の細胞にとっての酸素・栄養素の補給路が大きなダメージを受けます。これらはけがの大小にかかわらず必ず起こる現象です。どんなに小さなけがであっても、周辺の細胞は死滅の危機にさらされるのです。

4 けがが広がるのを防げ！……………

そのまま放置しておくと、損傷の範囲が次第に広がってしまいます。このように、破壊された細胞の周囲の細胞が酸欠状態によって死滅していく現象を「二次的低酸素障害（Secondary Hypoxic Injury)」と呼びます。

ここで、応急処置が重大な意味をもってくるのです。中でもアイシングは、二次的低酸素障害を最小限にくい止める手段として、非常に有効であることが科学的にも証明されています。患部を冷やし、一時的に冷凍保存状態に置くことで、細胞の死滅を防ぐのです。そのメカニズムについて次項で解説しましょう。

2—2

アイシングの生理学②
——冷やすことによる効果

1 細胞の代謝レベルを下げる…………

けがによって一部の細胞が破壊されることで、周囲の元気な細胞までもが酸素・栄養不足に陥り、死滅の危機にさらされます。アイシングは、この細胞の死滅を防ぐために大きな威力を発揮するわけですが、そのメカニズムについてみていきましょう。

生物の細胞は、温度が低下すると代謝のレベルが落ち、活動が不活性化するという特徴があります。人間の細胞も、冷却されると代謝レベルが落ちます。代謝レベルが落ちるということは、それだけ酸素や栄養分の必要量が減るということ——新陳代謝が緩やかになり、静かに生きている状態になるということです。つまりアイシングには、けがをした患部を冷やすことでその部位の細胞の代謝レベルを下げ、細胞が必要とする酸素・栄養分の絶対量を減らす効果があるのです。

2 一時的に冷凍保存状態に……………

かりにいくつかの細胞が破壊されてその周囲の細胞の生命が一時的に危機にさらされたとしても、それらの細胞の代謝レベルが落ちれば、生き長らえる可能性が高まります。アイシングは、患部を冷やすことによって意図的に細胞の代謝レベルを下げようという行為です（つまり、それによって二次的低酸素障害を最小限に抑える）。細胞を一時的に冷凍保存状態に置く、といえばわかりやすいかもしれません。

3 アイシングをした場合としなかった場合………………………

すでに破壊されてしまった細胞に対しては、残念ながらアイシングの効果はありません。冷やしたからといって早く修復されるわけではないのです。アイシングはあくまでも、損傷を最小限にくい止め、周囲の健康な細胞に被害が及ぶのを防ぐ手段と捉えてください。

図2-3はアイシングの効果を模式的に示したものです。左の棒グラフがけがをした直後にアイシングをした場合、右の棒グラフがアイシングをしなかった場合のモデルです。けがによって最初に受けるダメージ、一次損傷の程度はどちらの場合も変わりはありません。しかしアイシングをすれば、一次損傷による炎症反応（腫れや痛み）をある程度抑えることができますし、その後に出現する二次的低酸素障害を防ぐことができます。

棒グラフの面積がけがの程度を示していると仮定すれば、「アイシングあり」と「アイシングなし」では、その差は一目瞭然です。一次損傷を負った後、アイシングをしないで放置しておくと、けがが大きく広がってしまい、その結果、治癒によけい時間がかかることになります。

4 腫れや痛みに対する効果……

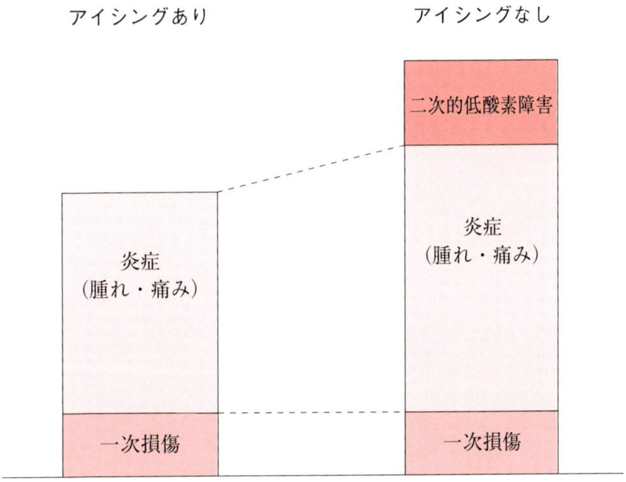

図2-3　アイシングをした場合としなかった場合の損傷の広がりの違い

アイシングには一次損傷による炎症反応を抑える効果もある、と前述しました。このメカニズムについて簡単に触れておきましょう。

炎症とは、私たちの体が自らけがを治したり細菌などの外敵を退治するときに起こる現象で、腫れや痛み、発熱などの反応を総称したものです。これは長期的な視点で見ればけがや病気を治すために必要不可欠で、自然治癒力の根幹をなす生体反応です。けれどもけがをした直後の患部に話を絞ると、炎症が進めばそれだけ細胞の活動も促進されて二次的低酸素障害が広がってしまう恐れがあります。だから炎症はできるだけ小さく抑えたほうがいいのです。

炎症反応のうち、腫れは細胞液や血液が組織に滲《し》み出して患部周辺が膨らむ現象です。これは、アイシングで細胞の代謝レベルを下げ、酸素・栄養分の必要量を減少させることによって抑制することができます（腫れに対しては、患部を圧迫することが最大の効果をもたらす。これについては24頁参照）。

また発熱は、毛細血管が拡張して患部の温度が他の部位より高くなる現象で、これに対しては、アイシングの「冷やす」という行為が直接的に効いて温度の上昇を緩和することができます。

さらに痛みに対しても、アイシングは抑制効果があります。これは一種の麻酔作用であり、患部は冷却されると感覚が鈍くなります。例えば冷やした部位をつねると、冷やす前より明らかに痛みが低下します。なぜ感覚が鈍くなるのか、科学的に明確な理由は限定されていませんが、冷却刺激が神経系に何らかの影響を及ぼし、命令の伝達量を減らしたり、遅らせたりすることが主因と考えられています。

2−3

アイシングの生理学③ ――RICEの生理学的効果

1 4つが合わさり力を増す

応急処置としてのアイシングは、たいていの場合、それ単独で用いられることはなく、RICE（ライス）という一連の処置の一つとして位置づけられます。RICEとは英語の頭文字を並べたもので、RはRest（レスト＝安静）、IはIce（アイス＝冷却）、CはCompression（コンプレッション＝圧迫）、EはElevation（エレベーション＝挙上）をそれぞれ示します。

けがをしたときには、これら四つの処置をすべて同時に行うことが大切で、それらが複合的にけがに対して働きかけ、けががひどくなるのを防ぎ、治りを早くします。Ice、つまりアイシングのみを単独で行っても応急処置の目的はかなり達成されますが、他の三つを併用することで、より効果を増します。

それぞれの働きについて生理学的な観点からみていきましょう。

R：Rest――安静

運動を中止して全身の血液循環を抑えるとともに、患部を固定することで局所的な安静を保つ。

I：Ice――冷却

冷やすことで血管を収縮させて炎症や出血を抑え、痛みを軽減する。また、細胞の代謝レベルを下げ、周囲に二次的低酸素障害が広がるのを防ぐ。

C：Compression――圧迫

周囲の組織や血管を圧迫し、患部に細胞液や血液が滲出して内出血や腫れが起こるのを抑える。

E：Elevation――挙上

患部を心臓よりも高く挙げることで、内出血を抑える。

図2-4　RICEの生理的効果

2 RICEの生理学

20頁で触れたようにけが直後の患部では、直接損傷を受けた細胞以外の健康な細胞にも、酸素・栄養分不足による死滅の危機がじわじわと迫ってきます。それを可能な限りくい止めること、さらに腫れや痛みなどの炎症を抑えることが応急処置の主な目的となります。

アイシングはそれらの目的を達成する最も効果的な手段であることは、前項までの解説でおわかりいただけたと思います。そしてRICEのうちRest＝レスト（安静）は、別の意味でけがの悪化防止に役立ちます。患部を安静にすることには大きく分けて二つの効果があり、まず第一に全身的な意味では患部への血流量を減らし、細胞の活動を緩やかにして代謝レベルを下げ、酸素・栄養分の必要量を低減させます。そして第二に局所的な意味では、患部の腫れや痛みが悪化するのを防ぎます（動かすと血液の循環がよくなり腫れや痛みが増してしまうため）。

次にCompression＝コンプレッション（圧迫）は、壊れた細胞や毛細血管から細胞液や血液が滲出する現象（内出血のこと）を抑える効果があります。弾性包帯などを使って患部を圧迫し、その物理的刺激で内出血が広がるのをくい止め、腫れを防ぎます。外傷を負ったとき、本能的に傷口を手で押さえて出血を減らそうとするのと同じ原理です。

腫れは、けがが起きてから5～6時間経った頃が最も激しくなりますので、応急処置の後も継続して圧迫し続けることが大切です。

そしてElevation＝エレベーション（挙上）は、患部を高く挙げた状態に保つこと——できれば心臓より高い位置まで挙げます。これも圧迫と同じように物理的効果によって患部の血流量を減らそうというものです。血流量が減少すれば、壊れた細胞や毛細血管に対する圧力が軽減して内出血が防げるとともに、腫れを抑えることができます。長時間立ち仕事などをしていると、特にけがをしていなくても足がむくんできます。これは重力で血液が足に溜まる結果起こる現象で、足を台の上などに載せて横になることでむくみが改善し、疲れも取れます。けがをしたときはけがの悪化や炎症が進むのを抑えるため、同じように患部を高くする必要があるのです。

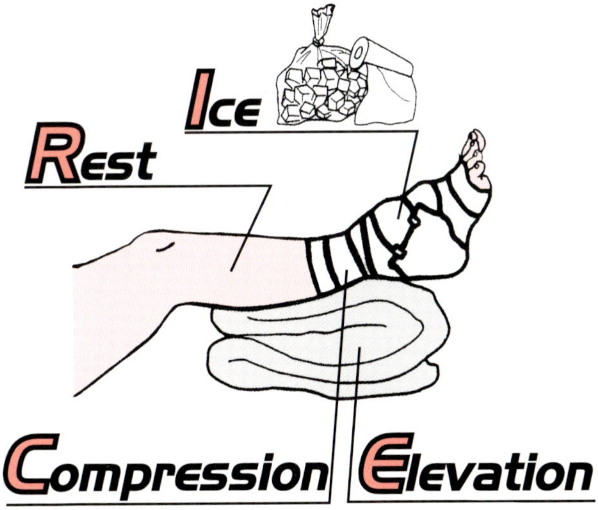

図2-5　けがをしたら速やかにRICEを
RICEは応急処置の基本。これをやるかどうかで予後が大きく変わってくる。

3 できるだけ速やかに

RICEは応急処置ですから、できるだけ速やかに行わねばなりません。処置が早ければ早いほど効果が増します。スポーツ現場でけがが起きたら、応急処置の担当者（トレーナーやマネージャー、または監督、コーチ）は、患部の観察をして医療機関へ連れていくかどうか判断するとともに、速やかにRICE処置をできるよう機材の準備を整えます。そのテクニックを日頃から訓練しておくことも大切です。

RICEの詳しい手順や実施上の注意点は45頁で紹介しています。すぐに慣れますのでチャレンジしてみましょう。なお皮膚から出血がある場合は、洗浄、消毒などの処置をしてからRICEに移ります（86頁参照）。

4 何はなくともまずIce

けがをした状況によっては、RICE処置を全て速やかに行うのが困難な場合もあります。そんなときは、とにかくIce、冷やすことを最優先して行うべきです。応急処置で最初にアイシングを行ったか否かが、けがの予後に大きな影響をもたらします。圧迫や挙上ができなくても、冷却だけは忘れずに。氷がなければ水道の水でも構いません。「何はなくともまずIce」です。

2−4
アイシングの生理学④
――慢性的な痛みに対する冷却効果

1 慢性痛の発生源

スポーツ選手ならほとんどの人が、慢性的な痛みを経験したことがあるでしょう。競技種目の特性を反映して、各種目でよく使う部位（繰り返し負荷がかかる部位）が痛くなるケースが多いようです（陸上競技など走る競技種目では足、アキレス腱、膝など、野球やラケットスポーツでは肩と肘、ジャンプ動作の多いバレーボールやバスケットボールでは膝など）。また腰は体の中心であるだけに負担も大きく、競技種目を問わず痛みを抱える選手が多いようです。

これらの痛みの多くは、特定の関節や筋肉に繰り返し負荷がかかってその部位が炎症を起こし、痛みが発生します。放置しておくと競技生命を脅かす重大な症状に発展する場合もありますので、痛みや違和感がしばらく続き、スポーツ動作に支障をきたすようなら、できるだけ早く医師に診てもらうようにしましょう。

医師の診断の結果、手術が必要だったり、長期間練習を中止しなければならない例もありますが、特に医学的所見で異常がみられないケースも多々あります。そういう場合、医師からは、「しばらく様子をみましょう」とか、「痛みの出ない範囲なら練習してもよいでしょう」と言われます。

アイシングが活躍するのは、こんなときです。

2 炎症反応の悪循環を断ち切る

慢性的な症状に対するアイシングは、痛みを軽減させ、運動をスムーズに行うための助けになります。

慢性的な痛みとその影響を模式化したのが図2-6です。痛みがあるということは、どこかの部位に炎症が起きていることを表しています。そのような炎症があると、周囲の筋肉にスポーツをするうえで悪影響を及ぼしてしまいます。その主な原因は「スパズム」と呼ばれるもので、これは本来緩んでいるべき筋肉が意に反して縮んでしまい、硬くこわばってしまう現象です。そして、スパズムが起こるとさらに痛みが増し、その痛みがさらにスパズムを引き起こすという悪循環を繰り返すことになります。

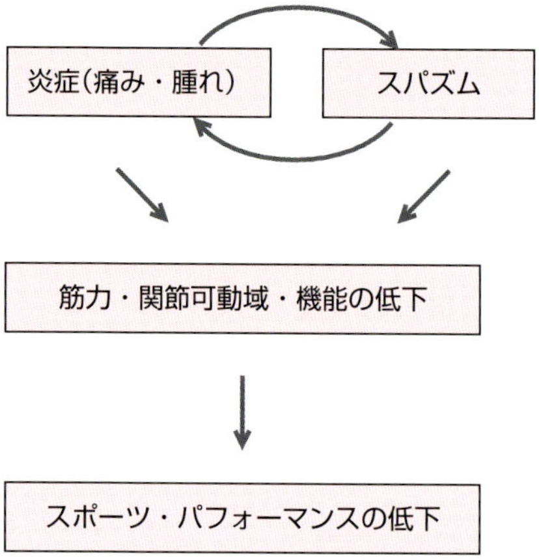

図2-6　慢性的な痛みとその影響

肩凝りや腰痛では、この悪循環が継続的に起きていることが多く、それが慢性的な症状となって患者を悩ませます。スポーツ選手の場合は、この悪循環の結果、筋力や関節可動域（関節が動く範囲、つまり柔軟性のこと）が低下し、フォームが崩れて十分なパフォーマンスが発揮できなくなります。こうなると、痛いところを「かばう」動きが生じて今度は他の部位に痛みが出るなど、ますます深みにはまっていきます。

アイシングをうまく利用すると、このようなドロ沼に陥るのを防ぐことができます。冷やすことにより、「痛み―スパズム」の悪循環を断ち切るのです。

3 冷やすことによる効果

アイシングが、「痛み―スパズム」の悪循環を断ち切るメカニズムについて詳しくみていきましょう。

図2-7は膝の関節と大腿部の筋肉を簡略化して示したものです。痛みの原因となっている損傷部位が、かりに関節近くの筋肉内にあるとします（左側の図）。それぞれの筋肉には、末梢の情報を中枢（脳や脊髄）に送る知覚神経がつながっています。その知覚神経を通じて、「痛い」という情報が中枢へ伝えられます。中枢からの命令は運動神経を通じて末梢へ伝えられますが、末梢からの「痛い」という情報が強けれ

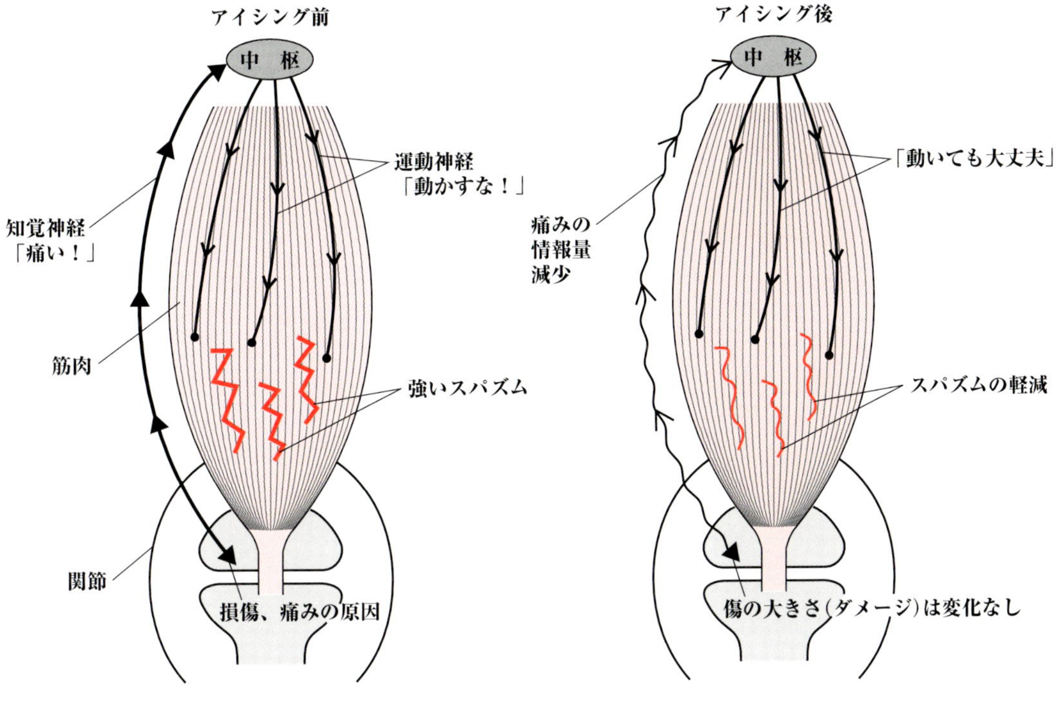

図2-7　慢性的な痛みとその影響を示したモデル
左がアイシング前、右がアイシング後。アイシング後は、損傷部位からの「痛い」という信号が弱くなる。

ば強いほど、中枢からは「動かすな」という強い命令が筋肉に対して伝えられます。これは損傷を持つ筋肉に対してだけでなく、その周辺の筋肉に対しても伝えられ、その結果、スパズムが生じるのです。損傷部位が筋肉以外のところ、例えば関節内の軟骨や靱帯に存在している場合も同様に、周囲の筋肉にスパズムが生じます。

さて、こうした状態にある筋肉（および関節）をアイシングで冷やすとどうなるか。それを示したのが右側の図です。

アイシングには一種の麻酔効果があり、痛みを軽減させることができるのは、23頁で説明した通りです。痛みが軽減するということは、損傷部位から中枢へ伝えられる「痛い」という情報が弱くなることを示します。情報の量も減りますし、その伝達スピードも鈍ります。すると、中枢では痛みの程度はそれほどではないと判断し、筋肉へ送る情報の質がアイシング前とは変わります。すなわち「動かすな」ではなく、「動いても大丈夫」という命令が運動神経を通じて伝えられるのです。これによってスパズムが軽減され、筋肉は本来の動きを取り戻すことになります。

4 練習の前後に有効……………………

このようにアイシングは、痛みを軽減し運動をしやすくします。どこかの部位に慢性的な痛みがあって思い切った動きができない場合、あるいはフォームがいまひとつしっくりこない場合などにアイシングをすれば、それをある程度解消してくれるでしょう。

ですから慢性的な痛みがある場合、その部位へのアイシングは、まず練習や試合の前に行えばその威力を発揮します。さらに運動後は、往々にして痛みが再発します。その痛みを和らげ、痛みに伴って起こるスパズムを軽減するために、再びアイシングが有効となります。また、炎症がひどくなるのを防ぐ効果もあります。

練習や試合を休むほどではないが痛みが気になって思い切ったプレーができない、といった悩みを持つ選手は多いと思います。アイシングを有効利用して、より質の高いプレーを目指しましょう。

なお、慢性的な痛みに対するアイシングの場合は、「冷やす」ことを単独で用いるのみで効果があります。24～25頁で解説した応急処置とは目的が異なりますので、圧迫や挙上は必要ありません。また、部位別の具体的な方法は50～62頁に示してありますので、ご参照ください。

5 けがを治すのには別のアプローチが必要………………

ここで注意していただきたいのは、アイシングが慢性的なけがで生じる「痛み—スパズム」の悪循環を断ち切ることができるといっても、それは決してけがを根本解決することにはならないということです。

いくらアイシングをしたからといって、痛みの発生源である損傷を治すことはできません。損傷部位に対する治療は、医師の指示に従って全く別に行わなければなりません。これを十分理解し、アイシングを決して過信せずに利用することが大切です。

2—5

アイシングの生理学⑤ ——筋疲労に対するアイシングの効果

1 アイシングで疲れが取れる？………

コンディショニングの重要な課題の一つに、疲労のコントロールがあります。疲労をいかに効率的に取り、フレッシュな状態で試合や練習に臨むか——これはまさに、スポーツの勝敗を決する重要なポイントといえるでしょう。

１日に試合やレースが何回もある場合は、インターバルタイムに速やかに疲れを取らなくてはいけませんし、毎日のように試合が続くときには翌日以降に疲れを残さないように工夫を凝らさなければなりません。また、試合ばかりでなく練習の質を高めていくためにも、毎日の疲労回復はとても重要です。

図2-8　レース間に脚を冷やす陸上競技選手
アイシングによって、筋肉が力を発揮しやすい適温に戻す。

効率的に疲労を取るために、あなたは何をしていますか？　ストレッチング、マッサージ、入浴、サプリメント摂取、……。以上のものは全部正解といえます。これらはすべて疲労回復効果が科学的に確認されており、うまく使えばとても有効です。そして最近では、これらに加えてアイシングも注目され始めました。

「アイシングで本当に疲れが取れるの？」と疑問に思う人も少なくないでしょう。その応用範囲などについては現在も研究が進行中ですが、明らかに効果のある方法として、スポーツ現場では徐々に浸透しつつあります。

2 実際の利用方法…………………………

筋肉の疲労を速やかに取り、少しでもリフレッシュして次のプレーに向かうという趣旨でアイシングを使うとすれば、最も利用価値があるのはプレーとプレーの合間です。球技ならハーフタイム、格闘技や陸上競技なら試合あるいはレースの合間、または競技終了後が、アイシングの絶好のチャンスとなります。

例えば、柔道は１日でトーナメントを行うケースが多く、選手は勝ち進むにしたがって筋肉の疲労（以下、筋疲労と略）が蓄積していきます。そこで、1試合終わったら、特に疲労のひどい部位（例：前腕部）をアイシングする。すると、筋肉にこわばりがあったり重かったりする感じが和らぎ、よりよいコンディションで次の試合に臨むことができます。同じように陸上競技で1日のうちに個人レースとリレーを掛け持ちする選手が、前のレース終了後、脚をアイシングして次のレースに向かう。これらは多くの選手に試され、効果が実証されています（具体的な方法に関しては91頁参照）。

3 エネルギーの無駄使いを防ぐ………

アイシングが筋疲労を和らげる、あるいは回復を早めて次の運動を楽にするのはなぜか。俗説では、筋疲労の原因物質である乳酸（筋肉が収縮する際に細胞内で起こる化学反応の結果、乳酸が代謝産物として産生され、そこから発生する水素イオンが疲労の原因となる）の発生を抑えるといわれたりもしますが、この説には科学的に無理があります。

現在のところ、筋肉がリフレッシュする理由は一つには、前述した（26頁参照）筋スパズムが軽減することにより、筋肉の張りが取れる、そして第二に、冷やした部位の筋細胞の代謝レベルが落ちることによるものだろうと考えられています。冷やすと細胞の代謝レベルが落ちるというのは、応急処置のメカニズムのところ（22頁）で詳しく説明した通りです。

激しい運動をした後は筋肉の温度が高くなっています。温度が高いというだけで、筋肉では運動に引き続き同じようにエネルギーが消費されていきます。これは車がアイドリングをしているのと同じ状態であり、アイドリング中もガソリンは使われています。その後再び運動すると、一層エネルギーが消費され、疲労はさらに蓄積します。もしその前に筋肉の温度を適度に冷やし、代謝レベルを下げることによって酸素や栄養分の必要量を減らすことができれば、エネルギーの消費量を抑え、それだけ余力を残すことができるという考え方です。

さらに、運動で生じた筋肉の微細な損傷が広がるのを抑え、筋肉痛を軽減させるという効果も間違いなくあるでしょう。これはけがに対する処置の場合にも通じるアイシング本来の目的です。

4 冷やしすぎは禁物……………………

筋肉には、最も活動しやすい適温があるといわれています（12頁参照）。ウォーミングアップは、最適な温度にするために運動を用いて体を温める行為です。ところがその後、試合や練習で激しく運動を行うと、筋肉の温度は著しく上昇して、その適温を超えてしまいます。その結果、エネルギーも浪費してしまうと考えられます。そこで、アイシングによって適温に戻してやる。クーリングダウンの発想です。

ですからここで最も注意すべきは「冷やしすぎ」です。もし冷やしすぎると筋肉にとっての適温から外れてしまい、もう一度ウォーミングアップをし直さなければならないといった事態になりかねません。時間にしたらせいぜい5分程度、ほてった筋肉の熱感を取る程度に冷やし、その後に軽くストレッチングやジョギングをすると、筋肉が軽くなったような感じになるはずです。ぜひ試してみてください。

2–6

アイシングの生理学⑥ ——ウォーミングアップ前のアイシングの効果

1 ウォーミングアップ前に冷やす……

「これから運動するのに、その前にアイシングするって？　そんな馬鹿な！」と多くの人が考えるでしょう。まだ一般的ではありませんが、ウォーミングアップの前にアイシングをして、よりウォーミングアップの効果を高めるという方法が、一部のスポーツ現場で行われ成果を上げています。そして科学的な研究でも、運動前に冷やすと筋肉の血流量が増えると報告されています。

ウォーミングアップ前のアイシングは、二つのケースに分けて考える必要があります。第一は筋肉や関節に特に痛みがないケース、そして第二は特定部位に痛みがあるケースです。

2 血流上昇に拍車をかける……………

まず第一のケースから説明してみましょう。痛みがない場合は、その日の練習でよく使う部位を通常のウォーミングアップ前に冷やします(ランニング中心なら脚、投げる動作が多いなら肩など)。

ウォーミングアップの最大の目的は、筋肉への血流量を増やし、運動に適した温度まで温めること。ですからより短い時間で、より少ないエネルギー消費で目標とする温度まで上昇させることが望ましいわけです。アイシングは、ずばりそこに働きかけます。アイシングしてからウォーミングアップすると、時間の短縮とエネルギーの節約につながるということです。

何もしない状態からウォーミングアップをする場合と、冷やしてからウォーミングアップをする場合との血流量を比べてみると、いったん冷やしておいたほうが短時間で血流量が上昇します。人間の体は体温調節機構が働いているので、ある部位を局所的に冷やして一定レベルまで温度が下がると、その部位の温度を元に戻そうとして血流量が一時的に増えます。このタイミングで運動を開始して血流量の上昇（＝筋温の上昇）に拍車をかける（図2-9参照）。これが、痛みがない場合のアイシングの狙いです。

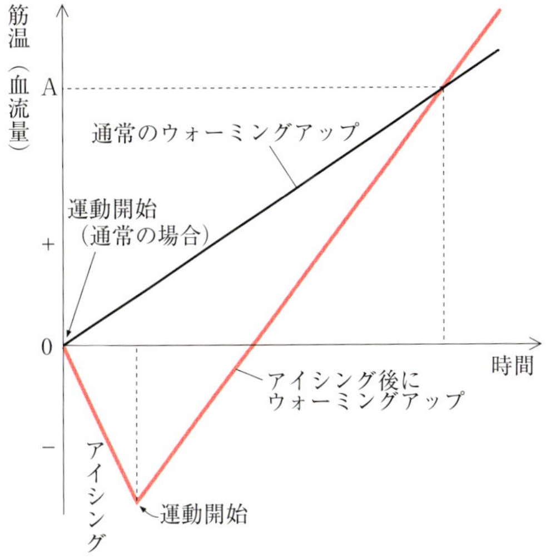

図2-9　ウオーミングアップ前のアイシングの効果

3 なぜ効率的なのか

図2-9をみてください。かりにウォーミングアップの到達目標点（血流量、および筋肉の温度）をAとします。通常のウォーミングアップの場合にA点まで達する運動時間と、アイシングをしてからウォーミングアップをした場合のそれとを比べると、一目瞭然です。この運動時間の違いは、そのままエネルギーの消耗度を表しています。

サッカーやラグビーなど試合時間が長く持久力が要求される競技の場合、後半の正念場でバテないためにもエネルギーはできるだけ温存しておきたいもの。そんなとき、こうしたウォーミングアップの考え方は役立つでしょう。著者（吉永）がトレーナーを務めるアメリカンフットボールのオービック・シーガルズでは、ウォーミングアップ前のアイシングは選手の間で日常化していて、全体練習が始まる前のミーティング時に各自でアイシングをしています。

図2-10　アイシングを行う選手たち

4 痛みがある場合

次に、どこか特定の部位に痛みがあって、それへの働きかけとしてアイシングを用いる場合。これは、26頁の「慢性的な痛みに対する冷却効果」の項で説明したのと同じ理屈です。痛みがあると損傷部位だけでなく、その周辺の筋肉にスパズム（硬くこわばる状態）が生じ、それが再び痛みを起こすという悪循環を生み出します。

痛みやスパズムを起こした筋肉は当然動きが悪くなりますので、他の部位の筋肉がその動きを代償することになります。いわゆる「痛いところをかばう」動きです。これが起こるとフォームの乱れが生じますし、かばっているほうの筋肉が疲労してしまいます。そのまま練習や試合に入ったとしても、決して満足のいくパフォーマンスは期待できません。

これを事前のアイシングで打破するのです。痛みを軽減させることで筋肉のスパズムを解消し、動きやすくする。それによって、できるだけ本来の動きに近い状態を作り、運動のパフォーマンスを維持しようというテクニックです。

5 アイシングだけでは解決しない

ここで紹介したウォーミングアップ前のアイシングは、通常のウォーミングアップと組み合わせてこそ効果を発揮するものであることを忘れないでください。中には、アイシングはウォーミングアップの代わりになると誤解し、運動を行わないでもよいと考える人もときたまいますので。

アイシングはウォーミングアップを助ける働きをしますが、それ自体では決してウォーミングアップにはなりません。そのことを前提に、この方法を利用しましょう。

2－7

氷の持つ優れた能力――他の冷却用具との比較

1 冷やすための道具たち

アイシングは筋肉や関節を冷やすのが目的ですから、そのための道具は体から熱を奪うエネルギーを持ったものでなければなりません。

最も一般的で、便利なのが氷です。そのほかに、冷凍庫で保存するタイプのコールドパック（化学薬品が中に入った冷却剤）や、常温で保存し、叩くなどの刺激で瞬間的に冷たくなるコールドパックなどもあります（コールドパックの詳細については44頁参照）。さらにスポーツ現場で従来からよく使われてきたコールドスプレー、湿布薬なども広い意味では冷却用具といえます。

これらのうち、どれが最もアイシングに適しているのでしょうか？　それぞれ利点・欠点を持ち、甲乙つけがたいとも言えますが、使い勝手をいろいろな面から検討すると、総合的にはやはり氷が一番のようです。冷却能力にも優れ、安価で、誰にでも簡単に用意でき、しかも凍傷を起こしにくいなど安全性の面でも優れています。

ここでは、氷が持つ優れた能力についてみていきましょう。

2 熱を奪う効率

氷が他の用具に増して優れている点は、その冷却能力にあります。0℃の氷が0℃の水に変わるときには、非常に大きなエネルギーを必要とします。固体が液体に変わるときのこのエネルギーを融解熱といいますが、その値は1g当たり約80calにもなります。これは周囲からそれだけの熱を奪っていることを意味し、氷を当てている部位はその分、冷却されることになります。

これほどの冷却効果を持つ媒体は氷以外にはありません。図2-11にあるように、他の身近な物質の融解熱と比べてみてもその差は一目瞭

	融　点	融解熱
氷	0℃	79.7cal/g
ドライアイス	－56.6	43.2
四塩化炭素	－22	39
二硫化炭素	－111	14.8
エチルアルコール	－117	26.1
ベンゾール	5	30.1

図2-11　氷とその他の物質の融解熱

然です。氷よりもはるかに温度の低いドライアイスですら、溶けるときのエネルギーは氷よりもかなり劣ります。

氷よりも温度が低くなるコールドパックなどのほうが冷却能力が高いと錯覚しがちですが、それらは意外に熱を奪う効率が悪いのです。

3 冷たいものほど冷却効率は悪い……

氷の中でも０℃の氷こそが、最も冷却能力に優れています。その理由は、融解熱の大きさにあります。先ほど触れたようにそのエネルギー量は１ｇ当たり約80cal 。この数字は、マイナス温度の氷１ｇが１℃温度を上げるためのエネルギー量（約0.5cal）の実に160倍にもなります。

さらにコールドパックとの比較でも、その差は歴然です。アメリカの文献中の試算によると、－１℃で保存した氷と－17℃で保存したコールドパックが熱を奪う効率は、約４倍の差があるとのことです。つまりコールドパックは、－17℃まで冷やした状態ですら、氷の１／４の冷却能力しか持たないことになります。「冷たければ冷たいほどよく冷えるわけではない！」――アイシングの常識としてこれを踏まえておかないと、とんでもない非効率に陥ってしまいます。

温度がマイナスになった氷やコールドパックを使ってアイシングすると、短時間であっても凍傷を起こす恐れがあります（78頁参照）。ですから安全面からも、できるだけ０℃の氷を使うよう心掛けましょう。家庭用冷蔵庫のフリーザーで作る氷はマイナス温度になってしまうので、使用前に水にさらして表面を少し溶かして使うとか、水を混ぜて氷水の状態で使うなどの工夫が必要です。

その点で、常に０℃の氷を作ることができる製氷機は、アイシングにはとても強い味方となります。飲食店で用いられているふつうの製氷機を１台、部室や保健室に置いておけば、大活躍することでしょう（詳しくは43頁参照）。

０℃の氷とは、溶けかかった氷です。溶けかかった氷が持つ高い冷却能力は、実はアイシング以外の場面でも用いられています。競技場へスポーツを観戦に行くと、缶ジュースやビールが氷水の入った水槽で売られていますね。あれは商品を手早く冷やす方法としてとても有効なのです。

4 冷やすのは表面ではなく深部………

アイシングで誤解されやすい問題の一つに、「どこを冷やすか」という点があります。どこを冷やすか。そう、主に痛みや腫れのあるところですね。ただし、それらの部位のどこを冷やすのか？　ここが問題なのです。ターゲットは皮膚表面ではなく、深いところにある細胞です。筋肉や靱帯で炎症が起きている箇所とその周辺。それはふつう、皮膚表面からは見えない身体内部に存在しています。ですから皮膚を通して、冷たさがそのターゲットまで届くような冷やし方が望ましいわけです。

そのような冷やし方ができる媒体、それが氷です（特に０℃のもの）。皮膚表面に密着させることができ、なおかつ前述したように熱を奪う効率が抜群によいので、冷たさがじわじわと組織の奥深くまで浸透していきます。深部まで浸透すればするほど、ターゲットとなる組織の保冷時間が延びることになり、より効果的です。

これに対してコールドパックの類は熱を奪う効率がそれほどよくないため、冷たさの浸透度は氷に比べればかなり劣ります。当然、保冷時間も短くなります。

5 コールドスプレーでのアイシングは非効率

コールドスプレーにいたっては、間に空気を媒介にして冷気を皮膚に当てるため、深部の熱を奪うという意味ではさらに非効率となります。マイナス温度になった冷気がスプレーされるので皮膚表面の温度は一時的にかなり低くなりますが、それが筋肉の奥深くまで浸透することはありません。アイシングの効果を狙って1ヶ所に断続的にスプレーを当て続けると、その部分の皮膚が冷たくなりすぎて凍傷を起こす恐れもありますので注意が必要です。このようなコールドスプレーの使い方をして凍傷を起こす例は実際にとても多く、医師たちから警告の声が上がっています。

コールドスプレーは野球でのデッドボールの直後など、一時的な痛みの緩和には役立ちますが、アイシング本来の目的に使用することはできません。ましてや氷の代わりにはなりにくいものです。このことを十分踏まえて利用しましょう。

6 湿布薬でも不可能

湿布薬は、全く別の理由でアイシングには適しません。

冷湿布として販売されている湿布薬には、血行を促進する刺激物が含まれているものが数多くあります（サリチル酸メチルとか、カンフルなど）。こうした湿布薬を貼ると、「冷感」を得ることはできるものの、時間がたつと血行がよくなってしまいます。これはアイシング本来の目的とは正反対の効果です。けがの直後に間違ってこれを使うと、炎症を促進させてしまいます。冷感と実際に冷却する効果とは全く別物なのです。

また、かりに刺激物の入っていない湿布薬を用いたとしても、冷却効果は氷に比べたら数段劣ることは否めません。湿布薬もコールドスプレー同様、アイシングには不適切であること、氷の代わりにはなりにくいことを強調しておきます（ただし他の目的なら十分利用価値はある。16頁参照）。

図2-12　氷水はものを冷やす能力が非常に高い。ジュースを冷やすだけでなくアイシングにも適している。

COLUMN

アイスパックの作り方

ビニール袋で作った氷嚢《ひょうのう》を「アイスパック」と呼びます。アイシングを行うときの道具として必要不可欠のものです。これを事前にたくさん作り、アイスボックスに入れてスポーツ現場へ持っていくと便利です。

アイスパックは氷をビニール袋に入れ、口を縛っただけのものですが、作り方にちょっとしたコツがあります。以下に紹介しましょう。

◆氷を入れ過ぎない

たくさん入れ過ぎると口を縛る分が余らず、扱いにくくなります。袋の容量の1／2～2／3くらいが目安です。

◆氷を平坦に並べる

患部に当てたときに氷の接触面積が増えるよう、できるだけ凸凹を減らします。

◆空気を抜く

空気が残っていると中で氷が遊んでしまい、患部に当てたときに氷の接触面積が狭くなります（空気の部分が接触してしまう）。平坦に並べた後、袋の口に口を当てて、息を吸い込む要領で中の空気を抜きます。すると袋と氷がぴったりくっついた状態となり、患部にフィットしやすくなります。さらに空気を抜きながら袋の口をねじり、縛ります。

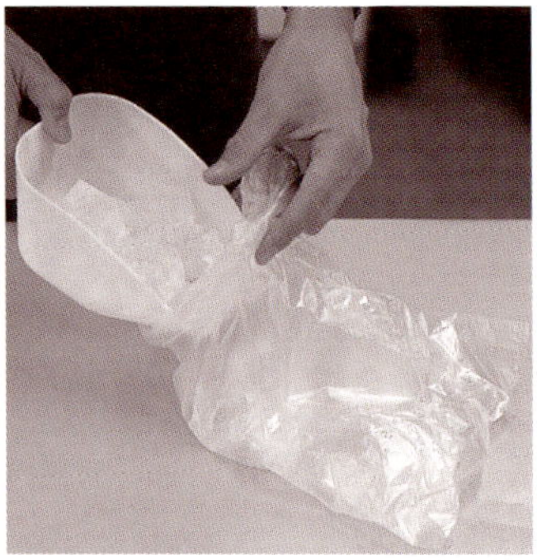
①ビニール袋に適量の氷を入れる。

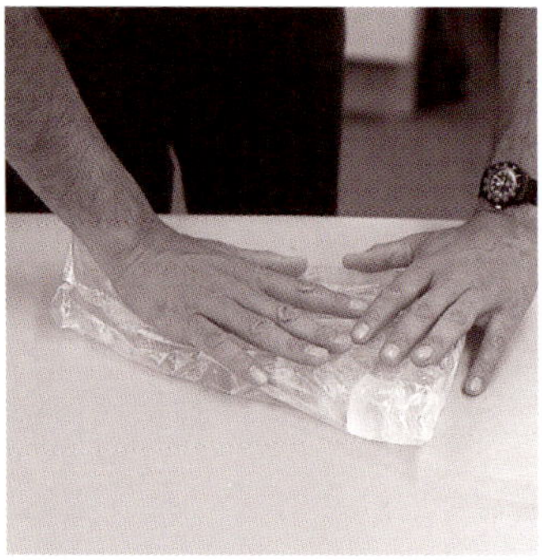
②氷を入れたら平坦に並べる。

③中の空気を抜く。

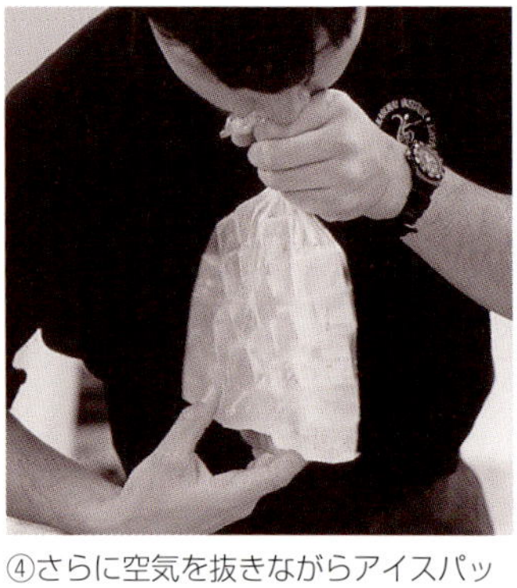
④さらに空気を抜きながらアイスパックを回転させて口をねじる。

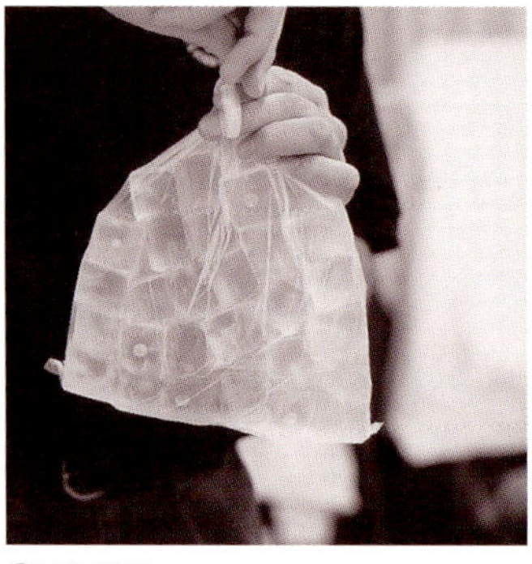
⑤口を縛る。

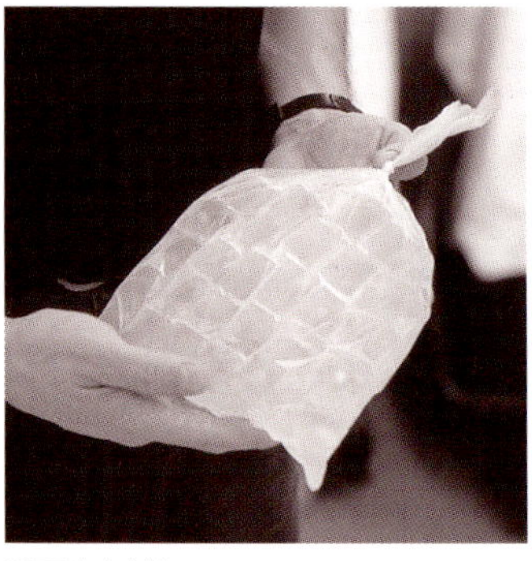
⑥でき上がり。

第3章

アイシングの実際

3—1

アイシングに必要な道具①——氷

アイシングのための道具としてまず必要不可欠なのは氷です。33頁でも解説したように氷(特に0℃の氷)は他のどんな媒体よりも冷却能力に優れ、かつ手軽で安価です。

しかし一口に氷といっても、いくつかの種類があります。ここでは、その形状によって分類してみましょう。

1 キューブアイス（図3-1）

最も一般的な立方体（キューブ）状の氷。家庭用冷蔵庫の冷凍室で作れます。製氷機で作られるものは、家庭用冷蔵庫のものよりやや大きく、表面が溶けかかっている（温度が0℃に保持されている）のが特徴です。

34頁で触れたように、家庭用冷蔵庫で作った氷を用いる場合は凍傷予防のため少し溶かしてから使うか、あるいは水を加えて氷水の状態で利用するようにしましょう。

2 クラッシュアイス（図3-2）

いわゆる、かき氷状の氷です。特殊な製氷機で作れます。一見、雪のような粒の細かい氷です。これを用いてアイスパックを作ると、形を変えるのが容易なので膝や肘、指といった凹凸の激しい部位をアイシングするときに便利です。クラッシュアイスで作ったアイスパックを冷やしたい部位に押しつけると、その部位の形状に合わせて変形させ、皮膚にフィットした状態でアイシングできます。

さらに、腰、肩などの広い部位をアイシングするときには、このクラッシュアイスを大きなビニール袋（ゴミ袋など）に入れて、せんべいのように薄いアイスパックを作ります。すると簡単にアイシングが可能です。

同じことをキューブアイスでやろうとすると、アイスパックが分厚く、重たくなってしまい、扱いにくくなるうえに多量の氷が必要になります。その点、クラッシュアイスは体積当た

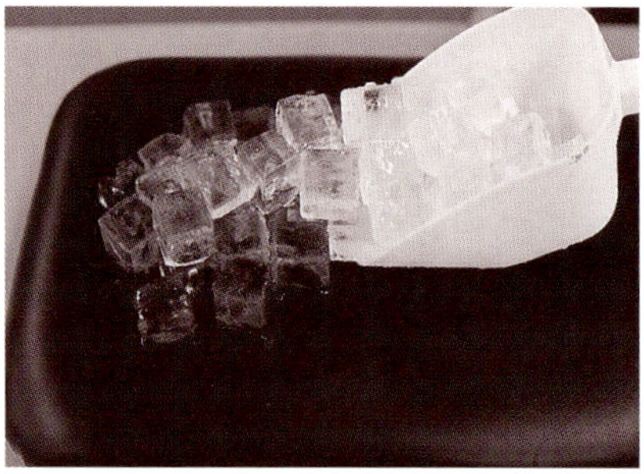

図3-1　キューブアイス

図3-2　クラッシュアイス

りの密度が低い（空気が多い）ため、同じ量でもキューブアイスに比べかなり軽いという利点があります。

3 ロックアイス（図3-3）

コンビニエンスストアやスーパーで手に入る、袋入りのかち割り氷です。遠征先や試合会場などでふつうの氷が手に入りにくいときには便利でしょう。氷の形状が一定でないのでアイスパックとしては使いにくい（皮膚にまんべんなくフィットしない）という欠点はありますが、手頃な大きさをしているので、買ってきた袋のまま患部に当てるなど急場しのぎをするには十分です。

なお、これも商店の冷凍庫に保存されているときにはマイナス以下かなり低い温度になっている可能性があります。念のため凍傷予防を考慮して、少し溶けてから使う、水を加えて使うなどしたようがよいでしょう。

図3-3　ロックアイス

3-2 アイシングに必要な道具②——ビニール袋、バンデージ、アイスボックス

1 ビニール袋

アイスパックを作るときの必需品です。いろいろな部位に使えるよう、大小さまざまなものを用意するのが理想ですが、なかなかそうはいかないと思います。ですからスタンダードサイズのものを大量に用意しておいて、それで大半をすませてしまうということにしたほうがよいでしょう。

どれがスタンダードになるかといえば、頻度として最も多い足首の捻挫にジャストフィットするサイズが一般的です。紙の大きさでいえばＡ４判程度（図3-4）。これなら、足首だけでなく肘にもちょうどいいし、膝や肩の場合は２～３個使えば事足ります。

図3-4　ビニール袋

図3-5　アイシング用防水氷嚢を広げたところ

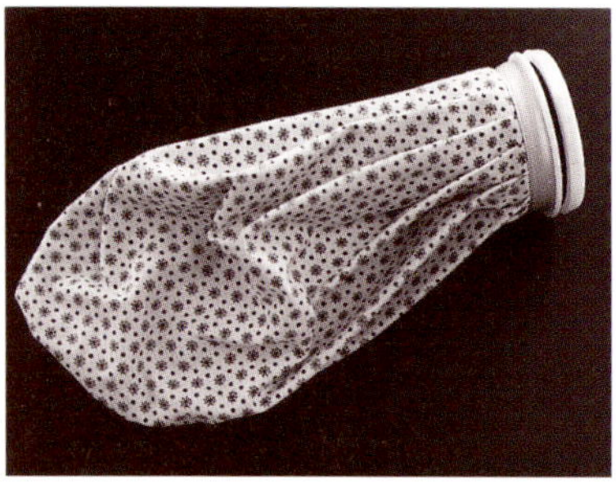

図3-6　図3-5の氷嚢の形を変えた状態

実際にアイシングを日課とするようになると、チーム単位でのビニール袋の消費量はかなりのものになり、費用もばかになりません。少しでも安くあげるには、ロール状になった業務用のものを買ってくるとよいでしょう。スーパーのサッカー台（会計の後、買った商品を袋に詰める台）に備えつけられているタイプのものです。ただ、これは薄手なので破れやすいため、2枚重ねにして用いたほうがいいかもしれません（1枚でアイスパックを作り、その上からもう1枚包む）。

さらに費用を抑えるには、選手各自に布製の氷嚢《ひょうのう》を持たせるという方法もあります。アイシング専用の防水氷嚢がスポーツ用品メーカーから売り出されていますので、これならば繰り返し何度も使えます（図3-5、3-6）。

2 バンデージ

伸縮性の包帯のことです。アイスパックを当てた上から固定・圧迫をするために用います。大は小を兼ねるという考え方で、幅広（10～20cm程度）で厚手、さらに尺も長いタイプのものがあると便利です（図3-7、3-8）。肩、膝、脇腹、大腿部などは一般的な救急箱に備えつけられているバンデージ（5～7.5cm程度）では、とても1本で足りません。10cm幅以上のものが数本あればほとんど事足りるでしょうが、理想的には、部位別に使い分けられるように大、

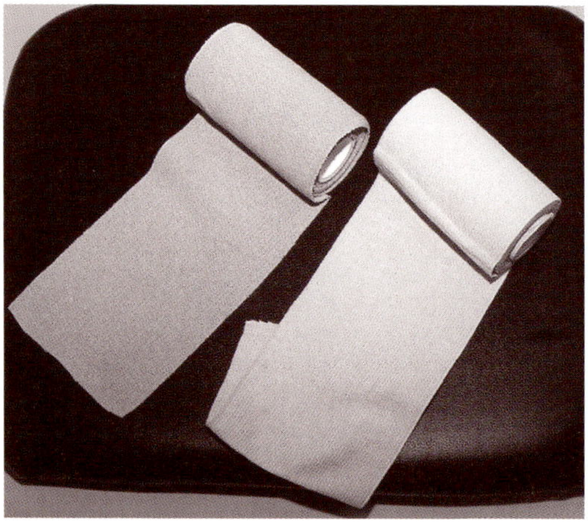

図3-7　圧迫・固定用伸縮性バンデージ

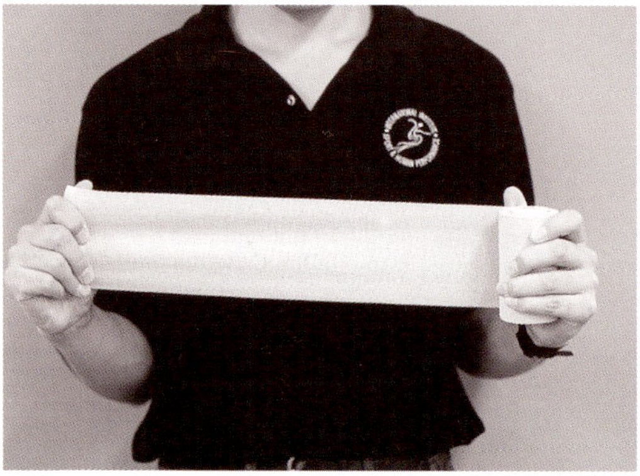

図3-8　圧迫・固定用伸縮性バンデージ

中、小と何本かずつ揃えておくとよいでしょう。厚手のバンデージなら洗って何度も使用できます。

なお、非伸縮性の包帯はアイスパックの固定・圧迫には適しません。これは、実際にやってみればすぐわかります。凸凹したアイスパックの上から巻いてしっかり固定するには、伸び縮みしたほうが絶対に便利です。最近では自着性（重なった部分のバンデージがお互いにくっつくもの。糊がついているわけではないので肌には貼りつかない）のバンデージも発売されていて、これは巻いた後にズレたり、緩んだりしにくいのでさらに便利です。

3 応用——アイスバンデージ

RICEのうちCの圧迫を重視するのであれば、アイスパックを当てた上からバンデージで圧迫するのではなく、あらかじめ何周かバンデージを巻いて患部を圧迫した上から冷やすという方法が適切です（残りのバンデージを氷の上から巻く）。ただこの方法の場合、氷が皮膚に直接当たらないので冷たさが浸透しにくいという問題があります。それを解決するためには、あらかじめ濡らしたバンデージをアイスボックスで氷と一緒に保管して冷やしておき、それを巻くのが賢い方法です。

4 アイスボックス（図3-9）

氷（アイスパック）や上記のバンデージをスポーツ現場まで運ぶための保温性容器です。アウトドアレジャー用にさまざまなサイズのものが販売されているので、チーム事情に合ったものを購入するとよいでしょう。購入の際のポイントは、必ず肩掛けストラップの付いたタイプを選ぶこと。アイスボックスは氷を入れるとかなりの重さになるので、ストラップがないと運ぶのがたいへんです。

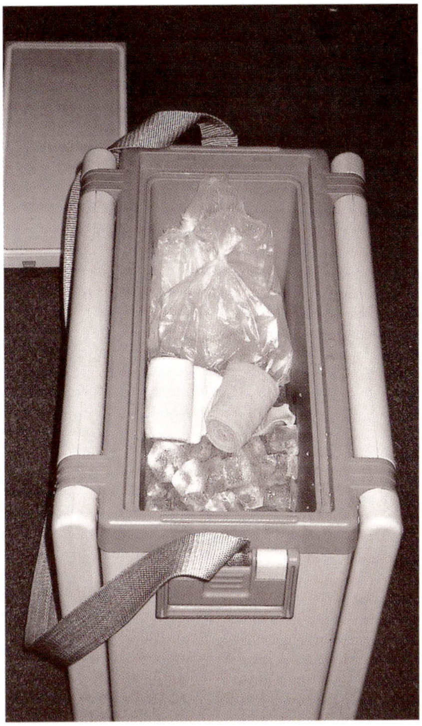

図3-9　アイスボックス

試合や合宿で遠征するときは、これを持ち運ぶと非常に荷物になりますから、宅配便で先に送っておくのが賢いやり方です。現地で氷を確保し、試合会場へ運びます（遠征先での氷の確保法に関しては18頁のコラム参照）。宅配便で送るときには、他のテーピング用品など現地で使うものも一緒に詰めてしまえば、より身軽に出発できます。

3–3

アイシングに必要な道具③——バケツ、その他

1 バケツの利用法

バケツは特定のアイシングのテクニックを適用する際に用います。氷水をつくり、その中に足や肘を入れて冷やすという方法です。

この方法は、冷やしたい部位の周辺がすべて氷水に浸かっていることになるので、非常に効率よく冷やすことができるという利点があります。さらに、アイシングをしながらリハビリ的な運動を行う（例：足を氷水に浸けたままバケツの中で足を動かす）ことも可能です。

2 四角い容器が便利

捻挫等で足首を冷やすときは、比較的大きなバケツを用意しなければなりません。掃除のときに使う一般的なサイズのものでは小さすぎます。大きな足の人は深く浸すことができず、途中でつかえてしまいます。

足を入れるという用途に限定すれば、丸型バケツよりも四角いポリ容器（図3–10、3–11）のほうが使いやすいでしょう。大きいものであれば、2名以上が同時に足を入れることも可能です。

ポリ容器は、中型のゴミ箱や、頑丈な衣装ケースがお勧めです。キャスターが付いていれば氷水を入れた後の移動もしやすく、さらに使い勝手がよくなります。

図3-10　アイシングのための容器
氷水を入れて足首等をアイシングするための容器。このように大きいものが便利。

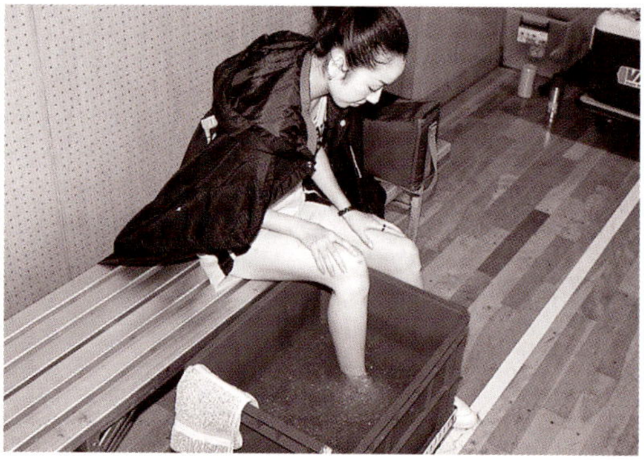

図3-11　ポリ容器を用いてのアイシング
ポリ容器を用いて足首をアイシングしているところ。これだけ大きければ一度に複数名がアイシングすることも可能。

3 限定テクニック

なお、バケツやポリ容器を用いたこのテクニックを使えるのは、氷がたくさん用意できるときに限られます。氷が少ししかない場合、氷水をつくるとすぐに溶けきってしまい使い物にな

りません。氷の量が限定されている場合はアイスパックを利用したほうが賢明です。

また、床に置いた容器に足を入れてアイシングをするのでRICE処置の中のE、つまり挙上は最初からできないという欠点もあります。

したがって、このテクニックは捻挫でも急性期を過ぎて治りかけている時期、あるいは慢性障害へのケアとして単にIceのみが必要なときなどに限定的に用いるのが適切と言えます。

4 足先を守るキャップ

足全体を氷水に浸けて冷やしていると、次第に足先の指の部分が痺れてきたり、感覚がなくなってきたりします。これは末端部の血行が悪くなっているからで、そのまま放っておくと凍傷になる恐れもあります。凍傷を防ぐために、アイシング専用の「トウキャップ」（図3-12）という商品が発売されています。スキューバダイビング等のウェットスーツに用いられる素材でできていて、これをつま先に被せると水がしみ込んでこないので冷えにくく、指先の血行を維持することができます。

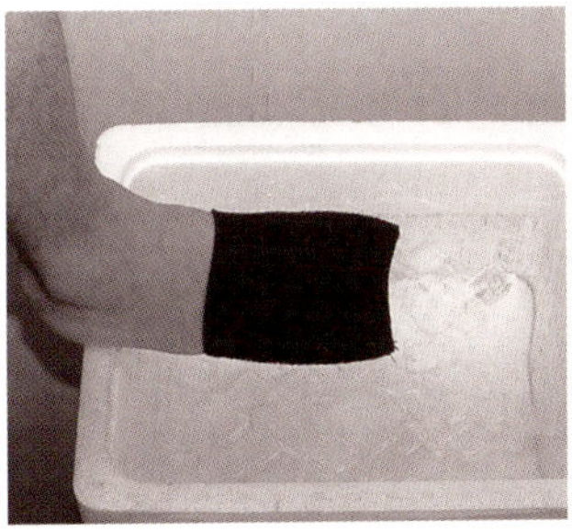
図3-12　トウキャップ

3-4 アイシングに必要な道具④ ——あると便利な道具たち

1 製氷機（図3-13）

アイシングに適した氷を大量に用意するには、やはり製氷機があると便利です。まさに百人力といったところ。

製氷機はスポーツ専用のものは特に製造されていません。飲食店などで業務用に使われるものを利用することになります。まず注目すべきポイントは、製氷能力です。これは一般的にkgで表示され、1日当たりに作ることのできる氷の量は各製品ごとに異なります。おおむね、50kgタイプから200kgタイプまで多種ありますが、初めて買う場合はできるだけ大容量のものを選んだほうがいいでしょう。

その理由は、アイシングが日常化すると氷は予想以上の勢いで消費されるからです。夏場な

図3-13　製氷機

どは飲料を冷やす目的でも利用され、いくら氷があっても足りない状況になります。設置スペース、予算が許す範囲内で、大きいものを購入しましょう。大所帯のチームや学校単位で購入する場合は特にそれがいえます。

製氷機で作られる氷は、一般的には立方体のキューブアイスです。クラッシュアイスやスライスアイスが作れるタイプの機種もありますが、汎用性ということを考えると、入門用にはキューブアイスの機種がお勧めです。

2 コールドパック

中に化学薬品が入っている冷却剤です。常温で保存し、叩いたりねじったりするだけで冷えるタイプのもの（図3-14）や、冷凍庫で保存して凍らせておくタイプのものがあります。特に便利なのは前者で、これはどこにでも携帯可能なので遠征先などで氷が足りない、あるいはどうしても手に入らないといった場合の予備として役立ちます。試合のときなどは、アイスボックスに氷を用意するのと同時に、これらのコールドパックを救急箱の中に入れておくことをお勧めします。

後者のタイプでは、最近、中身がゲル状で冷えてもカチンカチンに固まらないタイプのものが登場しました（図3-15）。こうしたものも、氷が足りないときのため、予備として持っておくと便利です。ただしこのタイプのコールドパックの中には、冷凍庫で保存しておくと温度が－10℃、－20℃とかなり低くなってしまうものもあるので、凍傷を起こさないように注意する必要があります。

化学的な冷却剤の一種で、バンデージ状のも

図3-14　常温保存のコールドパック

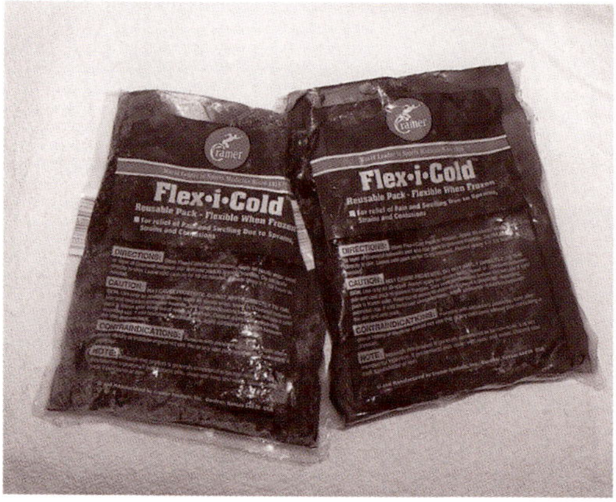

図3-15　冷凍庫で冷やすゲル状コールドパック

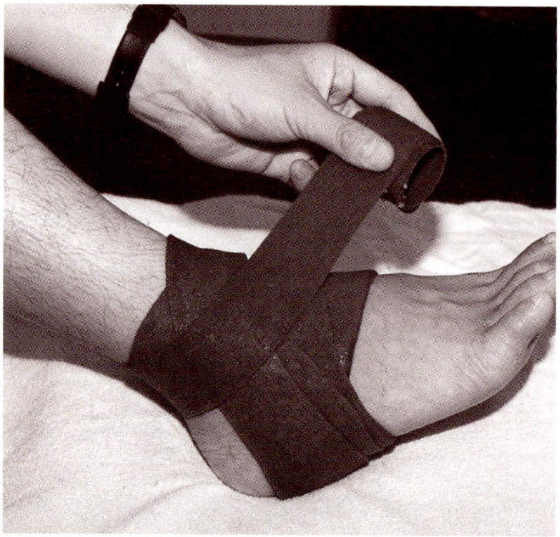
図3-16　バンデージ状冷却剤

のもあります（図3-16）。ゴムのような材質でできたバンデージが空気に触れるだけで5～7℃になり（ふだんは密閉容器で保存）、これを患部に巻けば、冷却と圧迫を同時に行うことができます。

冷却能力という点ではやはり氷にはかないませんが、氷がないときの予備、あるいは電車やバスなどで移動中の「つなぎ役」として活躍します。

3 アイスマッサージ用クリッカー（図3-17）

医療用のアイスマッサージ用品です。中に氷と塩を入れ、先端の丸い金属部分で局所的にアイスマッサージします。塩を入れると先端部は－7℃程度まで下がりますが、動かして使用すれば凍傷の心配はありません。

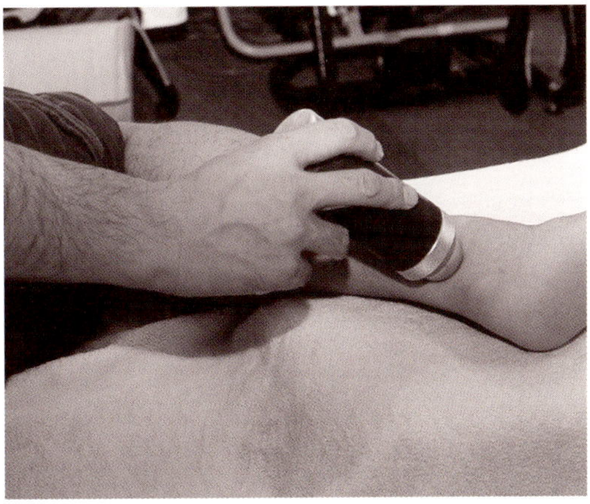

図3-17　アイスマッサージ用クリッカー

アキレス腱、膝、肘といった部位の慢性的な痛みに対するアイスマッサージに適しています（アイスマッサージについて詳しくは83頁参照）。

3―5

RICEの基本

1 ただ冷やすだけでなく

RICEについては、24頁の理論編でその概要を紹介しました。応急処置としてアイシングを用いる場合、単に「冷やす」行為だけでなく、RICE処置全体をひとまとまりの必要事項として捉えたほうが適切です。

RICEのRはRest（レスト＝安静）、IはIce（アイス＝冷却）、CはCompression（コンプレッション＝圧迫）、EはElevation（エレベーション＝挙上）のこと。この四つを同時に行うことで、応急処置がより効果的に働きます。それぞれの生理学的効果については24頁で解説しましたので、ここではRICEの具体的なテクニックを紹介します。スポーツ中のけがとしては最も頻度の高い足首の捻挫を例に話を進めましょう。選手本人でなく、第三者（トレーナー、マネージャー、コーチなど）が処置を行うことを前提とします。

①Rest（レスト＝安静）

けがをしたら運動を中断して安静にするというのは、常識的に、あるいは本能的に誰もが行っていること。だからことさら「安静に！」と強調する必要もないような気もしますが、ここでいうレストには、戦列を離れてコートの外へ出るだけでなく、けがをした患部を安静に保つという意味が含まれています。

患部を安静に保つには、ただ運動を中止するだけでは不十分です。足首の場合は立っているよりも座ったほうが患部への負荷が少なくなりますし、さらに足を下ろしているよりも椅子などの上に載せたほうが楽です。長いベンチがあれば寝かせるのもいいでしょう。とにかく選手にとって楽な姿勢を取らせること。こうすることによって選手が精神的にリラックスするだけでなく、患部周辺の痛みや腫れを抑えることができます。

患部を動かさないで安静に保つことは、患部周辺の筋肉のスパズム（筋肉が硬くこわばってしまう現象。26頁参照）を防ぐ効果もあります。患部に不要な負荷がかかって痛みが増すと、その刺激が脳に伝わって、今度は脳からの指令で筋肉がスパズムを起こす。それを防ぐのです。

②Ice（アイス＝冷却）

実際に冷やし始める前に、どこを中心に冷やすのか、患部を特定する必要があります。傷めたときの状況（内側に捻ったのか、外側に捻ったのか）をよく聞くのと同時に、少しずつ力を加えて足首を左右に動かしたり、靭帯のある付近を指で押したりすれば、ある程度、損傷部位を特定することができます（図3-18①）。

その部位の中心を包み込むようにして、足首の片側全体を覆うようにアイスパックを当てます（図3-18②）。このとき、アイスパックが皮膚に対して、できるだけぴったりと密着するようにします。そのためには、アイスパックの中の空気をできるだけ抜いておく、大きめのキューブアイスを用いる場合は凸凹を減らすため水を混ぜて使う、などの工夫が必要です。

③Compression（コンプレッション＝圧迫）

アイスパックを当てたら、伸縮性バンデージを用いて速やかに圧迫を行います（図3-18③）。このときの圧迫具合は、強すぎず、緩すぎずがポイント。アイスパックがずり落ちないように手早く巻いていきます。少しきつめと思われるくらいに巻いてかまいませんが、圧迫が強すぎると必要以上に血流を制限してしまい、細胞が壊死する恐れがあります。それを防ぐため、必ず指先は見えるようにしておきます。こうすることで、アイシングの途中で指先への血流が保たれているかどうか確認することができます。紫色に変色していたり、感覚がなくなっていたりしたときは要注意です。他の部位の場合も同様で、圧迫を行うときは患部よりも心臓から遠い部分の血流が保たれるよう（そして、それが確認できるよう）注意します。

１度バンデージを巻いた上から、患部の固定を確保するために雑誌や座布団などを被せて、その上からさらにバンデージを巻く方法もあります（図3-18④）。こうすると患部が動かないように固定できるので、一層レストの効果が高まります。

④Elevation（エレベーション＝挙上）

アイスパックを当て、バンデージを巻く作業を一通り終えたら、患部を高い位置に保持します。図3-18⑤のように何か台になるものを用いて足首を載せます。こうすることで、患部への血流を抑えることができ、内部からの圧力が

図3-18　RICEの基本的なテクニック

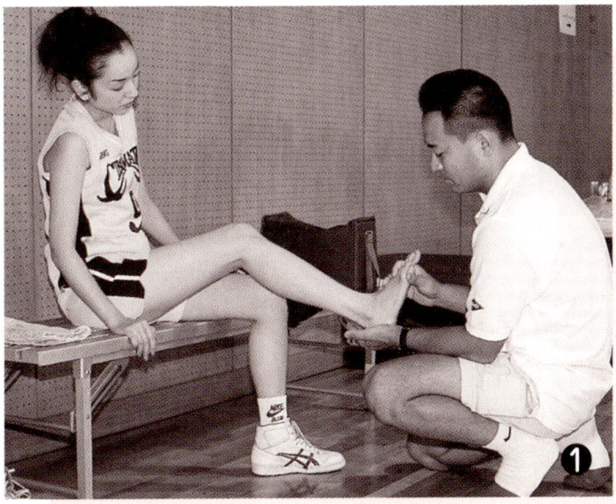

患部の観察・評価をして損傷部位を特定する。

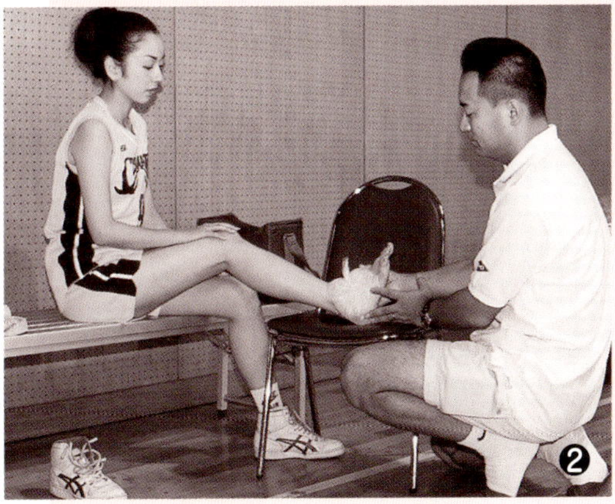

アイスパックを当てる。

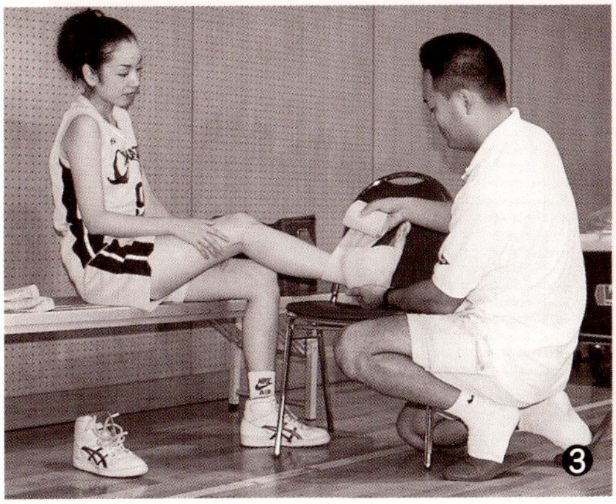

アイスパックの上から伸縮性バンデージを巻いて圧迫する。

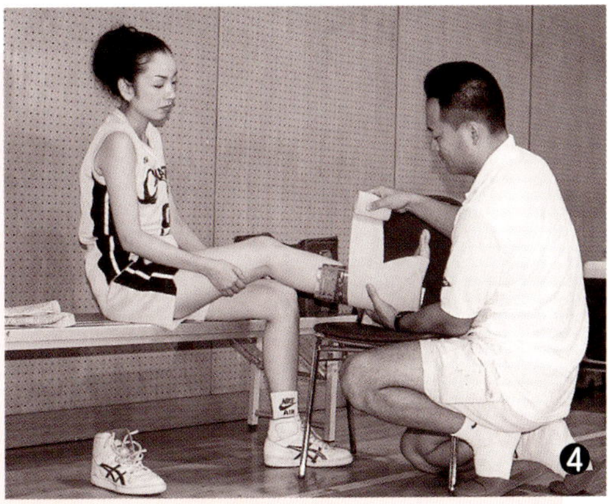

患部の固定を確保するため、雑誌を当て、その上からさらにバンデージを巻く方法もある。

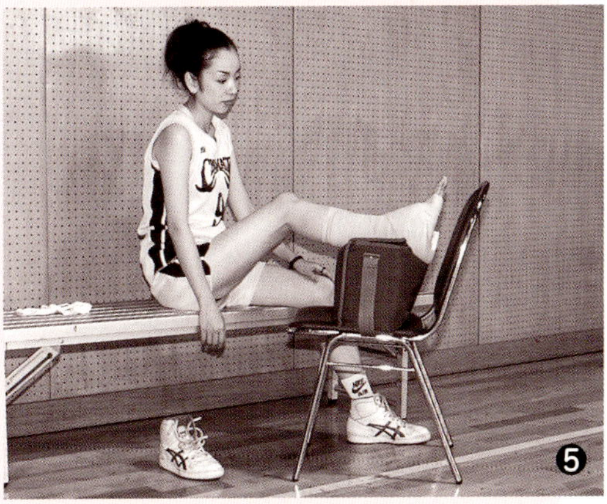

患部を台に載せて高い位置に保持する。

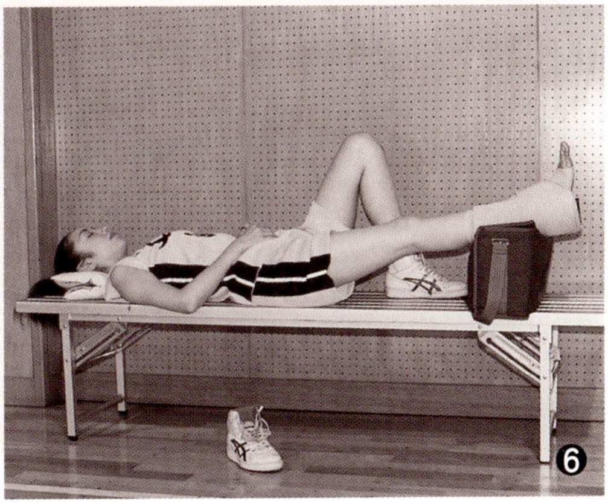

全身を横たえるなど楽な姿勢で安静にする。

減り、患部がむくみにくくなります。

このとき背もたれや壁に上体をあずける、または全身を横たえる（図3-18⑥）など、できるだけ楽な姿勢を取らせることも重要です。

2 20分間そのままで

以上、エレベーションまでの処置を速やかに行ったら、約20分間、そのまま安静にして冷やし続けます。冷やしておく時間についてはいろいろな意見がありますが、20分間くらいが適度に効果を得られ、かつ冷やしすぎにならない無難なラインです。

その間、ときどき選手に話しかけ、患部の感覚や気分を尋ねます。同時に、足の指先を弾いたり、つねったりして血流がしっかり来ているか確認します。このとき、極端に寒けがして気分が悪くなる、あるいは指先の感覚がなく紫色になっていたりしたら、速やかにアイシングを中止して様子をみましょう。

なお、アイシングを続けていると患部は次第に痺れてきますが、これはアイシングの麻酔効果なので心配いりません。

3—6 応急処置のあと

1 RICEで一安心。だが…

RICEを行い20分間のアイシングが終了したら、とりあえず応急処置は一段落です。ただ、これですべてが終わったわけではありません。たとえ軽い捻挫であっても、けがをしてから24～72時間は断続的にアイシングをする必要があります。というのも、痛みや腫れはいったん治まっても、またぶり返すものだからです。

試合中に捻挫や打撲をして、あまり痛みがないので放っておいたら、夜になって腫れてきて、痛くて眠れなかった……、という経験を持つ人も多いと思います（けがにもよるが、腫れのピークは5～6時間後にくるケースが多い）。けがの直後にしっかりRICEをして、さらにその後も何度か冷やしていれば、そうした事態を防ぐことができます。

2 2時間に1回

最初のアイシングが終わって、次に冷やし始めるタイミングは、「腫れや痛みが戻ってきたら」と一般的には言われています。しかし、腫れや痛みに対する感じ方には大きな個人差があり、人によっては、客観的にみてかなり腫れているのに全く何も感じない人もいるし、その反対に過敏気味の人もいます。ですからタイミングは、機械的に時間で区切ったほうがやりやすいでしょう。

一つの例としては2時間に1回冷やすという方法があります。たとえば4時に最初のアイシングをスタートした場合、4時20分に1回目が終わります。その次は、6時からスタートして6時20分まで、その次は8時スタート。けがをした当日は、このペースで就寝するまで断続的に冷し続けます。

特に腫れや痛みが激しい場合は、2時間に1回といわず、もっとインターバルを詰めて頻繁に行ったほうがいいでしょう。

3 帰宅後のアイシング

さて、2回目以降のアイシングは帰宅後になるケースが多いと思います。帰宅途中に冷やすことは事実上難しいでしょうから、バンデージで圧迫だけでも行います。

帰宅してからアイシングを再開しますが、その際は家庭用冷蔵庫の氷を使うことになります。ここで、34頁で述べた氷の温度に十分注意してください。家庭用冷蔵庫のフリーザーで作られた氷は、0℃よりはるかに温度が低くなっている可能性が高いのです。これをそのまま使うと凍傷になる恐れがありますので、必ず水通しをしてから使うか、水を混ぜて氷水の状態で使うようにしてください。コンビニで買ったロックアイスも同様です。

あとの要領は応急処置のRICEと同じ。家庭にある道具をうまく利用して、圧迫や挙上を行いましょう。

図3-19　けがをした当日は、帰宅後もアイシングをしよう

では、寝るときはどうすればいいのでしょうか。寝ている間に腫れてくるケースが多いので、理想的にはアイシングを継続すべきですが、特殊な用具でもない限りそれは不可能です。冷やすことは中断し、圧迫（加えて可能なら挙上も）だけを行って休みます（入浴の仕方については81頁、就寝中の患部保護の方法については82頁参照）。

3−7

部位別・傷害別アイシング①——足首の捻挫

1 どんなけが？

①どんなとき起こるか

足首（足関節）の捻挫はスポーツだけでなく、日常生活でもよく起こるけが。走っていてバランスを崩したり、ジャンプの着地時に足首を捻ったときに起こります。足関節の骨をつないでいる靱帯が、過剰な捻りの力に対応できずに損傷を受けてしまうのです。損傷の具合によっていくつかの段階があり、靱帯の組織が全く切れていない場合が軽度、部分的に少し切れいてるのが中度、完全に断裂してしまうのが重度です。

②どこが痛むか

このけがの約8割は、足首が内側に捻られて起こります。これを内反捻挫といい、外側に捻られて起こる外反捻挫と区別されます。内反捻挫の場合、損傷が起こるのはたいてい、外くるぶし前側で腓骨と距骨という二つの骨を結んでいる前距腓靱帯です（図3−20参照）。この靱帯は内くるぶし側にある三角靱帯に比べて細くサポート力も弱いため、伸ばされやすいのです。前距腓靱帯のダメージが大きいと、その下側にある踵腓靱帯もダメージを受けやすくなります。ですから内反捻挫も中度以上になると、前距腓靱帯に加えて踵腓靱帯も傷めている可能性があります。

一方、外反捻挫の場合は内くるぶしの下側にある三角靱帯が損傷を受けます。

いずれの場合も、損傷を起こしている靱帯周辺に痛みが発生するので、その部位がアイシングの

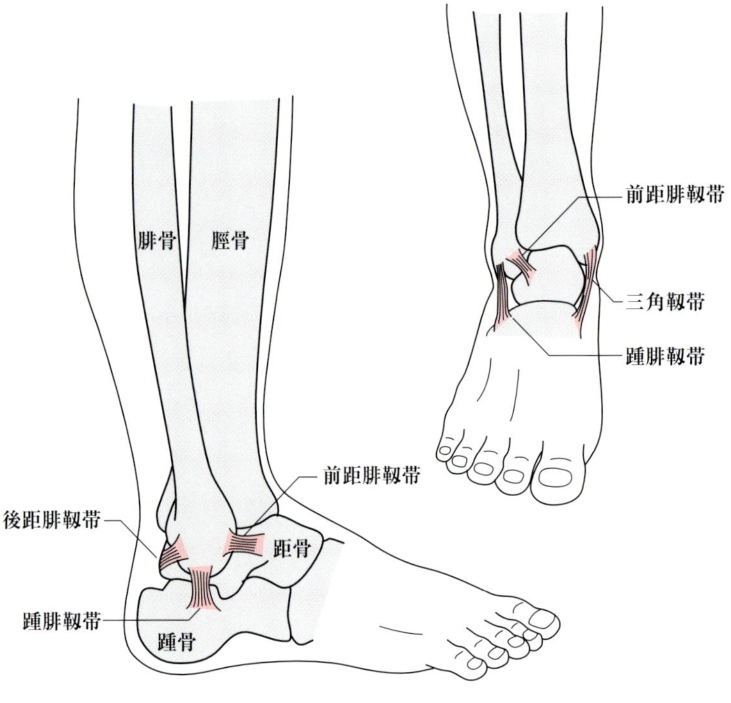

図3-20　足首の骨と靱帯

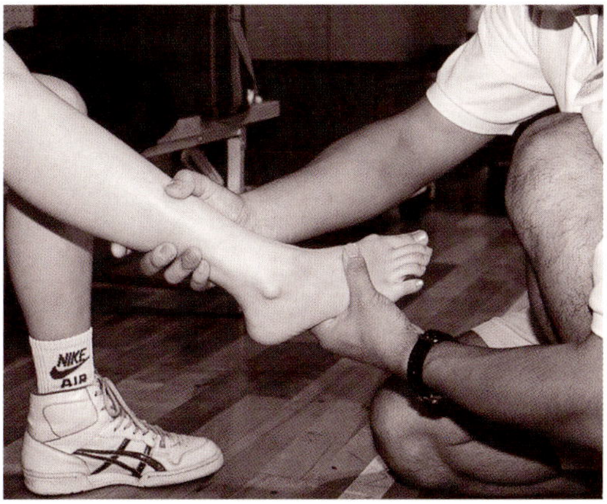

図3-21　患部を観察する
わずかに内側へ捻るストレスをかけているところ。

主対象となります。

2 RICEの実際……………………………

①患部の観察

選手が足首を捻って痛がっている場合は、まずけがの状態を把握しやすいよう、シューズとソックスを脱がせることから始めます。足首周辺を見ながら、「どこが痛いか？」「どういうふうに捻ったか」を尋ねます。それに対する答えで、だいたい損傷部位の見当がつくでしょう。

次に選手に了承を得てから、靱帯を上から押してみたり、内側・外側にわずかな捻りのストレスを加えてみて、さらに損傷部位を特定していきます。

②手順と注意

どの靱帯が損傷を起こしているか、おおむね確認できたら、そこを中心にアイスパックを当て、RICE処置を施します。具体的手順は「RICEの基本」の項、45頁で解説した通りで

図3-22　発泡スチロールの容器を用いてのアイシング
発泡スチロールの容器に氷水を入れ、足首をアイシングしているところ。トウキャップをしてつま先を保護している。

す。足とすねの角度が90°くらいになるポジションが、前述した3本の靱帯（前距腓靱帯、踵腓靱帯、三角靱帯）にとって最もストレスが低いポジションですので、どの靱帯を傷めている場合もこのポジョションで固定し、関節の動きを制限してやります。

なお足首のアイシングはバケツなどに氷水を入れて、その中に足ごとズボッと突っ込むという方法もあります。この方法だと、RICEのうちCの圧迫とEの挙上ができないので応急処置としては不十分ですが、当初の応急処置を終え、2度目以降のアイシングとしては、選手がひとりでも手軽に行えるので便利です。冷やしながらバケツの中でリハビリの運動ができるという利点もあります。

なおこのタイプのアイシングを行う際は、つま先の凍傷を予防するため、トウキャップ（43頁参照）を利用することをお勧めします（図3-22）。

3—8

部位別・傷害別アイシング②
——大腿部後面の肉離れ

1 どんなけが？

①どんなとき起こるか

肉離れもスポーツ選手によく起こるけがですが、そのなかでもよく起こるのが大腿部（ふともも）です。それも前ではなく後ろ。筋肉名でいえばハムストリングス（図3-23）によく起こります。

そしてこのけがが起こる典型的な場面は、スピードを上げて走っている最中、前に振り出した脚を一気に引き寄せるとき。または地面を後方に蹴る瞬間。これらの局面で、ハムストリングスは無理やり引き伸ばされる大きな力に抵抗して、同時に素早く縮むことを要求されます。このように筋肉が無理やり伸ばされたり、筋肉が伸び縮みするタイミングがずれてしまったときに筋肉は断裂を起こしやすくなります。こうして筋肉が部分的に切れてしまう現象、それが肉離れです。肉離れを起こした選手はよく、筋肉が「ブチッ」といったと表現しますが、まさしくその瞬間に筋肉が切れているのです。しかし筋肉全体が切れるほどの重症は少なく、通常、筋肉を構成している無数の筋線維の一部、またはそれを包んでいる筋膜という組織の一部が切れる症状がほとんどで、それらを総称して肉離れといいます。

全力に近いスピードで走っているとき、あるいは急発進などをしたときに起こりやすいので、陸上競技、サッカー、バスケットボール、野球などでよく発生します。

②どこが痛むか

ハムストリグスとは、大腿部後面を走る筋肉の総称で、三つの筋肉によって構成されています（大腿二頭筋、半腱様筋、半膜様筋。図

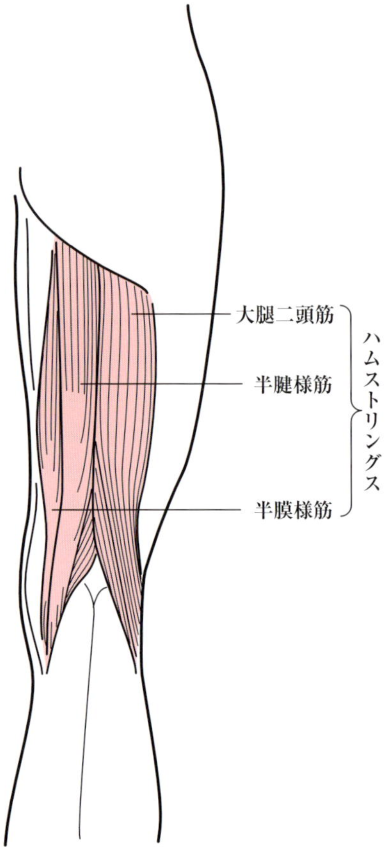

図3-23　ハムストリングスの位置
大腿二頭筋、半腱様筋、半膜様筋の三つの筋肉を総称してハムストリングスという。

3-23参照)。それらのうちのどの筋肉にも肉離れが起こる可能性はありますが、位置でいうと上部の脚の付け根に近いところを傷めるケースが多いようです。肉離れの場合、傷めた直後から選手はひどく痛がるので、すぐにそれと想像できます。そして特にひどい場合には、断裂を起こした部分が見た目にも凹んで確認できることがあります。そうでない場合も、痛がるところを手で軽く押していけば、損傷部位をある程度特定できるでしょう。

2 RICEの実際

①患部の観察

選手をうつ伏せに寝かせて傷めた付近をよく見ます。前述したように、症状がひどい場合には筋肉が凹んでいるので、すぐに患部が特定できます。そうでない場合も、選手が痛がる部位の周辺を手で軽く押していくと、筋肉の張りが極端に低下してブニュブニュしている箇所が確認できると思います。それが肉離れを起こした筋肉です（図3-24①)。

さらに、踵をお尻のほうに曲げる運動、いわゆるレッグカールの動きをやらせてみると、症状がどの程度なのかを以下のように推定できます（図3-24②)。

○軽度：痛いけれど何とか踵を、お尻のほうに曲げることができる。
○中度：曲げようとすればできなくもないが、痛くて曲げられない。
○重度：筋肉に全く力が入らない状態。

また、あお向けになり、膝を伸ばした状態で脚を静かに挙げる動作で、ハムストリングスをストレッチしながら、症状をチェックする方法もあります。

応急処置でRICEを適切に行えば、軽度の症状なら１週間くらいでジョギングを再開できます。重症の場合は筋肉が完全断裂している可能性もあり、１ヶ月程度の安静が必要になりますが、これも初期のRICEが予後に大きく影響するので速やかに適切な処置を施しましょう。

②手順と注意

肉離れの際のRICEのポイントは、できるだけ大きなアイスパックを用意し、傷めた側のふともも全体を覆うように冷やすことです。患部付近の細胞の代謝を抑え、内出血を軽減するというアイシングの本来的目的のためだけならば、患部周辺を覆う小さなアイスパックでもいいでしょう。しかし、肉離れのときは往々にして、損傷を起こした患部だけでなく、その筋肉全体がスパズムを起こして硬くなってしまいます。それを放っておくと、後で筋肉全体にしこりが残ることもありえます。ハムストリングスを構成する筋肉は、どれも大きく、太い筋肉ですから、広範囲にかつ深部まで冷やせるように、図3-24③のように大きなアイスパック（膝裏から脚の付け根までを覆うくらいのもの）を用意しましょう。

圧迫・固定に用いるバンデージは、かなり太めのものが必要です（図3-24④)。肩、あるいは膝と併用できる特大サイズを１本用意しておくと便利です（40頁参照)。バンデージを巻いた後は、図3-24⑤のように下腿部を台の上に載せると、患者には楽なポジションとなります。

肉離れは大腿部以外に、ふくらはぎ、内転筋などでも発生しますが、それらの場合のRICE処置も、上記の方法がベースとなります。

図3-24　大腿部後面の肉離れのRICE処置

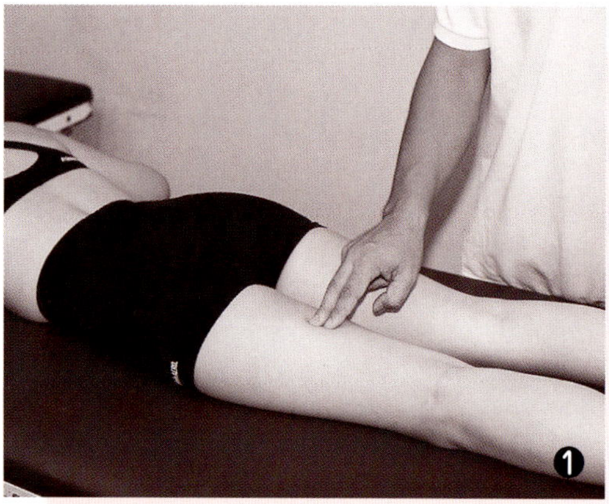

患部の観察。指で触って肉離れを起こした部位を探す。

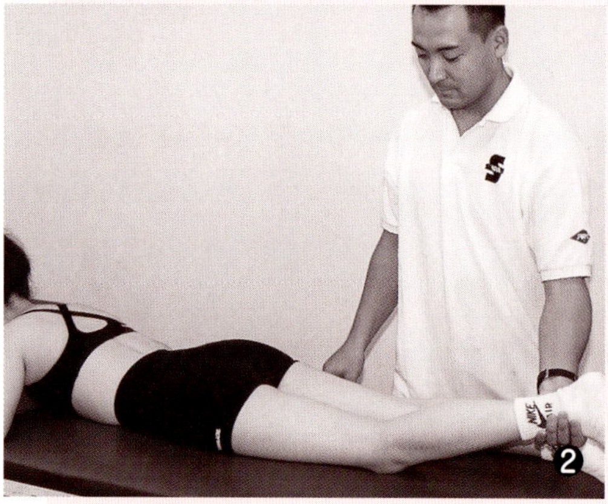

レッグカールの動きをさせてみて症状の程度をみる。

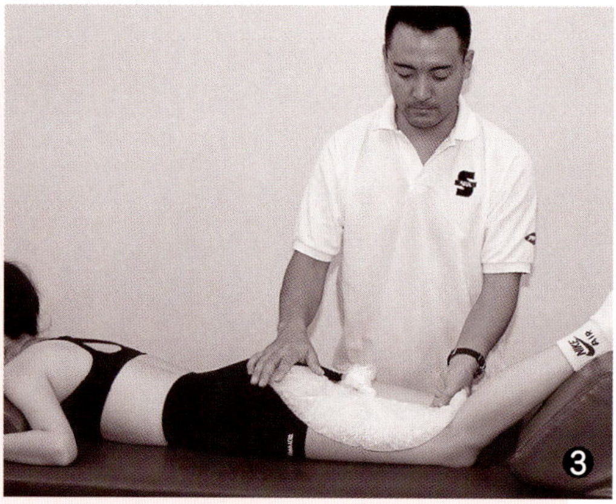

大腿部全体を覆う大きめのアイスパックを当てる。

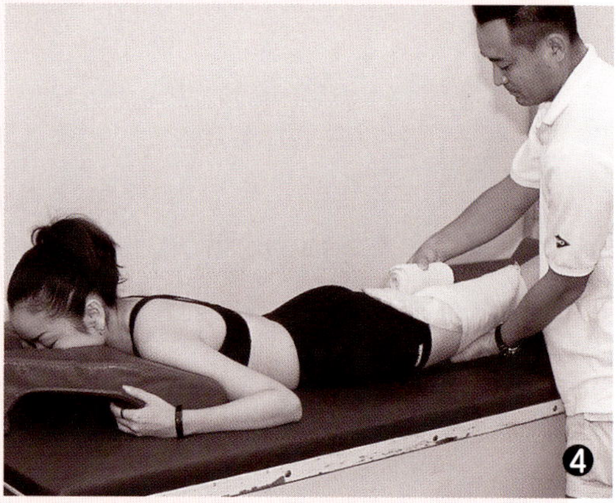

バンデージを巻く。

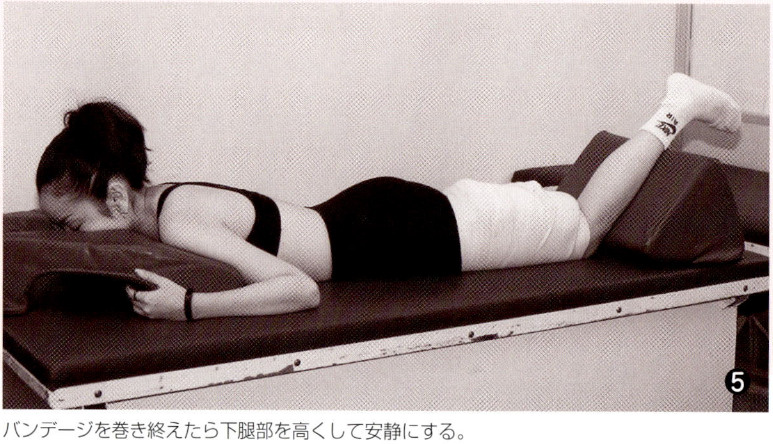

バンデージを巻き終えたら下腿部を高くして安静にする。

3−9

部位別・傷害別アイシング③ ——大腿部の打撲

1 どんなけが？

①どんなとき起こるか

ふとももの前面や側面に相手選手の膝や肩が入ったり、ボールが当たったりすると激しい痛みに襲われることがあります。これが俗に「チャーリーホース」や「モモカン」と呼ばれる大腿部の打撲です。

外部からの強い打撃があったとき、大腿部の筋肉が大腿骨の硬い表面との間に強い力で挟まれ、損傷を受けてしまうけがです。ですから格闘技、またはコンタクトの激しい球技（ラグビー、アメリカンフットボール、サッカー、バスケットボールなど）でよく起こります。また野球でも打球や投球が当たると、同じような症状が起こることがあります。

肉離れのように筋肉が切れてしまうことは稀で、多くの場合、毛細血管が破裂して内出血を起こす程度の症状です。

②どこが痛むか

筋肉の打撲は、どこの部位でも起こりえます。ただし、症状が重くなりやすいのは大腿部です。この理由は、前述したように大腿骨との間に筋肉が挟まれ、強い衝撃を受けることによります。タックルを受ける場合などは、脚自体が大きなパワーを出して動いている最中にカウンターパンチのような打撃が加わるため、ダメージが大きくなるのです。

さらに、大腿の筋肉はスポーツ動作で非常によく使われます。別の言い方をすれば、この筋肉を使わなければほとんどのスポーツ動作は不可能ともいえます。したがって、他の部位に比べて痛みを感じやすく、症状がひどくなりがちなのです。

2 RICEの実際

①患部の観察

選手に楽な姿勢を取らせ、傷めた箇所付近をよく見ます。打撃を受けた部分は、傷めた直後から内出血が起きて色が変わってくることがよくあります。これは、打撲の場合、皮膚表面に近い、浅いところが損傷を受けているからです。これが肉離れと異なるところで、内出血が早めにあらわれるので傷めた箇所を特定しやすいといえます（肉離れの場合は比較的深部が傷ついているので内出血が表面に出てくるのに時間がかかる）。目で見るのに加え、手で触って痛がるところを探していけば、どこを傷めたかはかなり正確にわかるでしょう（図3-25①）。

②手順と注意

肉離れのときと同様に、膝から脚の付け根までを覆う大きなアイスパックを用意し、大腿部全体を冷やします。バンデージはやはり太めのものを用意したほうが便利です（図3-25②、③）。

なお一連のRICE処置をするときは、図のよ

図3-25　大腿部の打撲のRICE処置

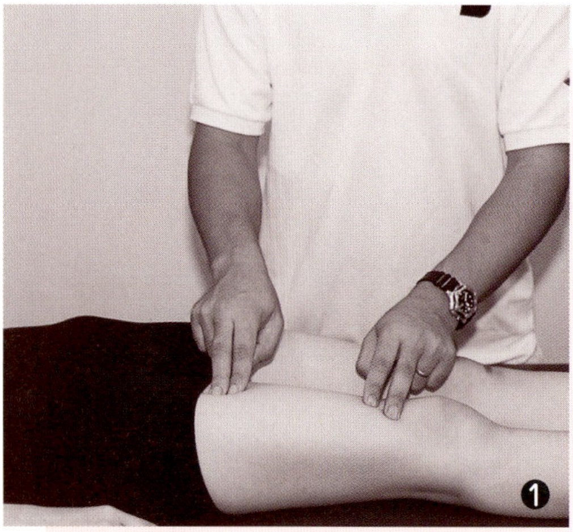

患部の観察。内出血しているところを目と指で探す。

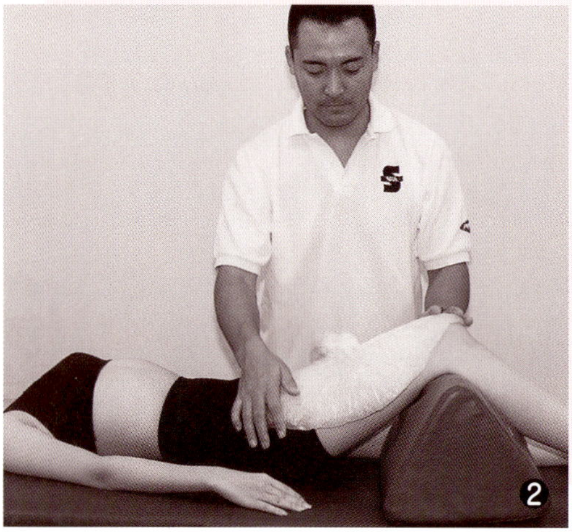

大腿部全体を覆う大きめのアイスパックを当てる。

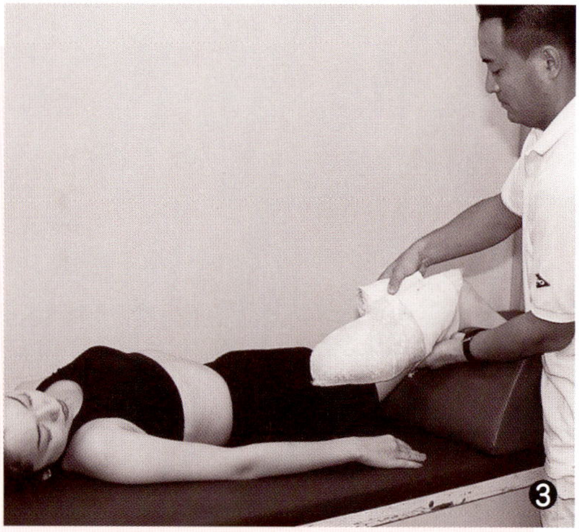

バンデージを巻く。

膝を少し曲げた姿勢で安静にする。

うに膝の下に折った座布団などを入れ、少し膝を曲げた姿勢を取らせるようにします。少し膝を曲げることによって大腿部前面の筋肉（大腿四頭筋）が若干ストレッチされ、痛みによる筋肉のスパズムを多少なりとも予防することができます（図3-25④）。

打撲でさらに注意しなければならないのは、皮膚表面に出血を伴う場合です。相手のスパイクで蹴られたり、激しく地面に叩きつけられたりしたときは、往々にして打撲とともに創傷（皮膚表面の傷）が起こります。

そういう場合は、まず傷口をきれいに洗い、消毒したうえで滅菌ガーゼなどを当て、上から包帯を巻いてからRICEを施します(86頁参照)。

傷口の処理を優先すべきですが、それればかりに気をとられてRICEを忘れないように。

3―10

部位別・傷害別アイシング④――ぎっくり腰

1 どんなけが？

①どんなとき起こるか

腰に激痛が走り、一時的に動けなくなってしまう現象を一般に「ぎっくり腰」と呼んでいます。その大半は筋肉が負荷に耐えられずに損傷する結果起こるもので、発生のメカニズムは肉離れとよく似ています。

床から何かを持ち上げようとする瞬間によく起こりますが、これは腰の筋肉が一度引き伸ばされ、次に縮もうとするとき筋肉に大きな負荷がかかるからで、52頁で解説したハムストリングスの肉離れと同じ現象です。この場合、負荷の大きさはあまり関係ありません。床から物を持ち上げるとき、それが軽い物であっても腰部の筋肉は一度引き伸ばされ、次に瞬間的に縮むという動きを強いられます。この動きが筋肉に大きな負担をかけるのであって、たとえば鉛筆1本拾おうとしてもぎっくり腰が起こってしまうのは、こうした理由によります。

筋肉の柔軟性が低下すると、その「伸ばされる―縮む」という動きにうまく対応できないため、ぎっくり腰が起こりやすくなります。日常生活でいえば朝、スポーツ活動ならまだ体が温まっていないウォーミングアップ中に起こりやすいのは、このような事情が関与しています。

②どこが痛むか

筋肉に損傷が起こるのはごく限られた小さな部分であったとしても（実際にそういうケースが大半）、ぎっくり腰の場合は広い範囲で痛みが生じます。肉離れのところ（52頁）でも触れたように、これはスパズムによるものです。また体の中心部付近では神経も太く、それに対応する筋肉も多くなるため、より広い範囲が痛くなります。この結果、かりに腰の右側を傷めたとしても左側を含めた腰部全体の筋肉に痛みを感じ、しかもこわばって動かなくなるといったことがふつうに起こります。

2 RICEの実際

①患部の観察

選手をうつ伏せに寝かせ、腰部付近を押して痛いところを探す（図3-26①）のに加えて、もし可能なら図3-26②のように膝を伸ばして前屈をさせます。直立した状態からゆっくり、じわじわ曲げていくと、どのあたりが特に痛むのか特定しやすくなります。

②手順と注意

上記のような方法で損傷部位をある程度特定しますが、腰の場合は広い範囲で痛みやスパズムが生じるので、冷やす対象部位はそれだけ広くなります。ハムストリングスの肉離れで用いるものよりもさらに大きめ、特大のアイスパックで腰部全体をカバーするように冷やします。

圧迫には、図3-26④、⑤のような腰専用のマジックテープ付きサポーターがあると便利で

図3-26　ぎっくり腰のRICE処置

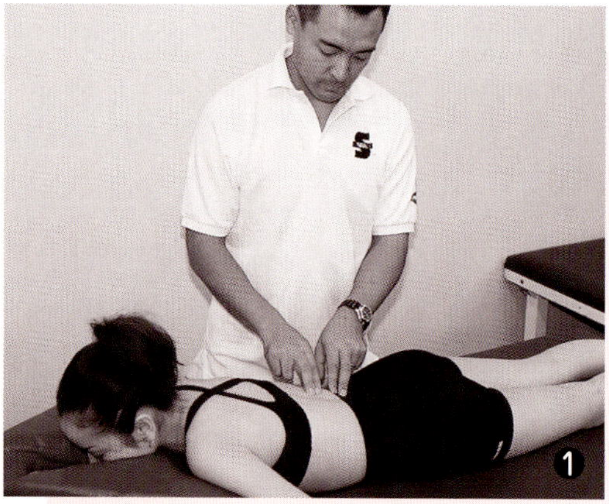

患部の観察。痛いところを探す。

ゆっくりと前屈をさせると痛むところが特定しやすい。

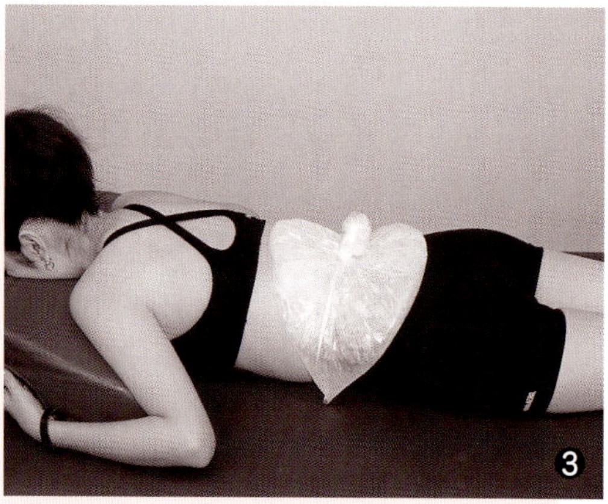

腰には特大のアイスパックを用意する。

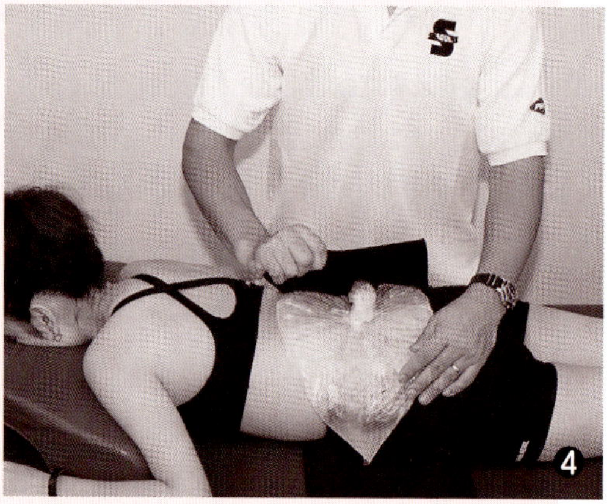

マジックテープ付きサポーターを上から巻く。

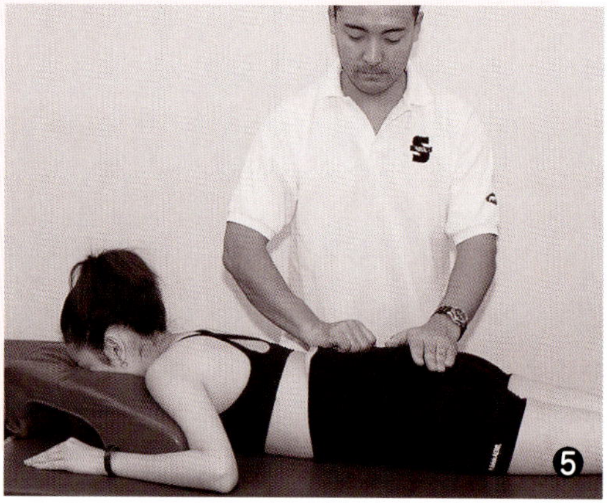

圧迫・固定して安静を保つ。

す。

レストの姿勢としては、ふつうにうつ伏せになっている状態でもいいのですが、へその下に薄めの枕を入れたほうが痛みが緩和され、楽になる場合もあります。これは腰の筋肉が多少ストレッチされ、なおかつ背骨が反らない姿勢になるためです。あるいは横向きに寝かせ膝をやや抱えるような姿勢もあります。選手本人が最も楽だと感じる姿勢を取らせましょう。

3—11

部位別・傷害別アイシング⑤——突き指

1 どんなけが？

①どんなとき起こるか

突き指は、特に球技系のスポーツで頻繁に起こるけがです。これは指の関節の捻挫で、骨と骨を結んでいる靱帯が損傷を起こすものです。ひどい場合は靱帯が完全に断裂してしまったり、脱臼、あるいは骨折を併発したりということもあるので軽視はできません。

捻挫は靱帯が大きなストレスによって過度に伸ばされたときに起こるけがですから、「突き指」といっても「突く」というストレスだけで起こるわけではありません。ボールが当たって強く弾かれたり、相手選手のユニフォームが引っ掛かってそのまま持っていかれたりしたときにも起こります。

「突いたのだから引っ張れ」ということで昔は応急処置として指を引っ張ることが行われていましたが、これは靱帯をさらに傷めてしまう危険性があり、全くナンセンスです。他の急性傷害と同じように、やはりRICEが最も適切な応急処置となります。

②どこが痛むか

同じ関節付近の痛みでも、損傷した部分によってRICEのテクニックが若干違ってきます。押して痛いところ、上下・左右へのストレスを加えてみて痛いところを探していきます（図3-27①）。

2 RICEの実際

①患部の観察

もし手の甲側が痛ければ、腱を損傷している可能性が強く、その場合は指を伸ばすことが困難になります。指を曲げるストレスを加えると症状がひどくなる恐れがあるので、RICEの際は指が曲がらないようにして固定します。

その他、側部や手の平側が痛いときは靱帯を損傷していると考えられます。この場合はたいてい指を少し曲げた状態が患者にとって最も楽なので、その状態で固定します。

なお、親指の突き指で内側（小指側）の靱帯を断裂した場合は手術が必要となりますので、その付近の痛みがひどく親指に力が全く入らない場合は、早めに医師の診療を受けましょう。

図3-27　突き指のRICE処置

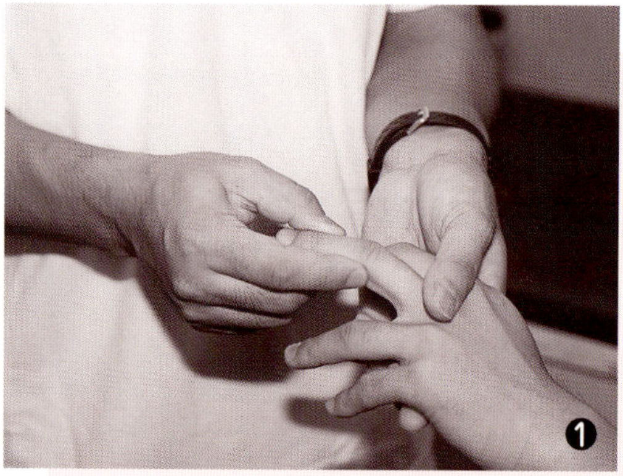

上下・左右への弱いストレスをかけて痛むところを特定する。

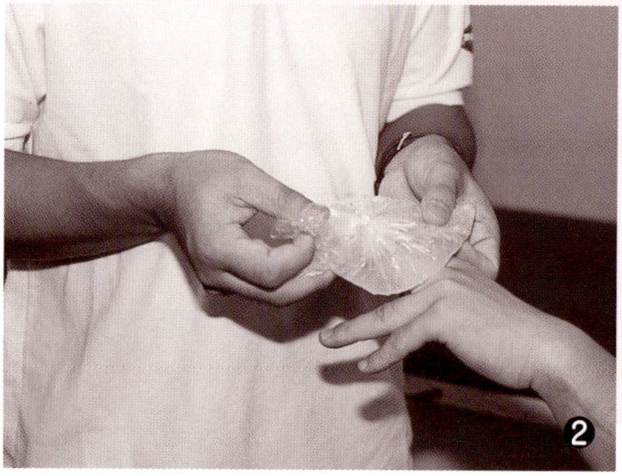

できるだけ小さいアイスパックを用意して指に当てる。

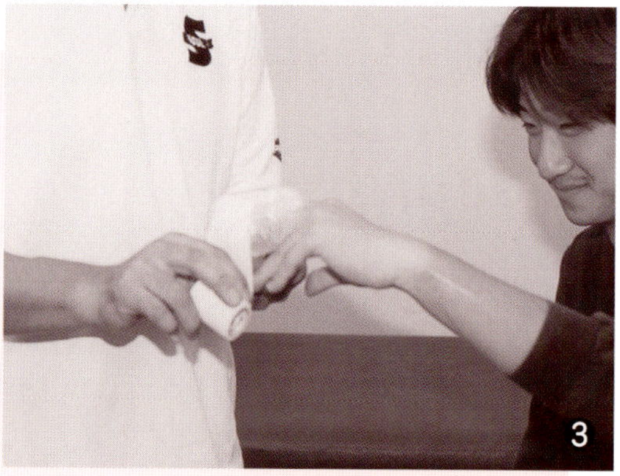

バンデージをアイスパックの上から巻く。

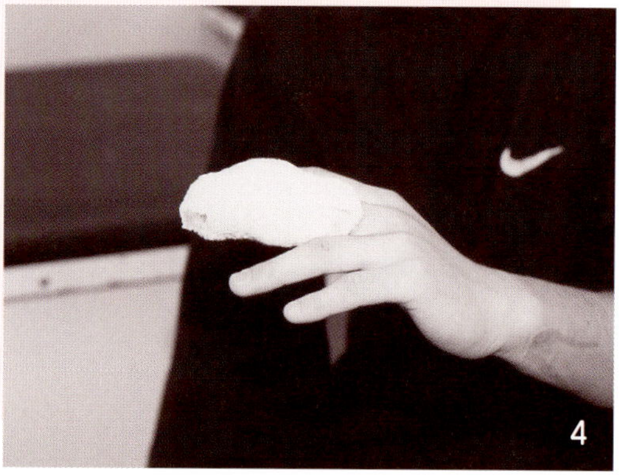

圧迫・固定し安静を保つ。

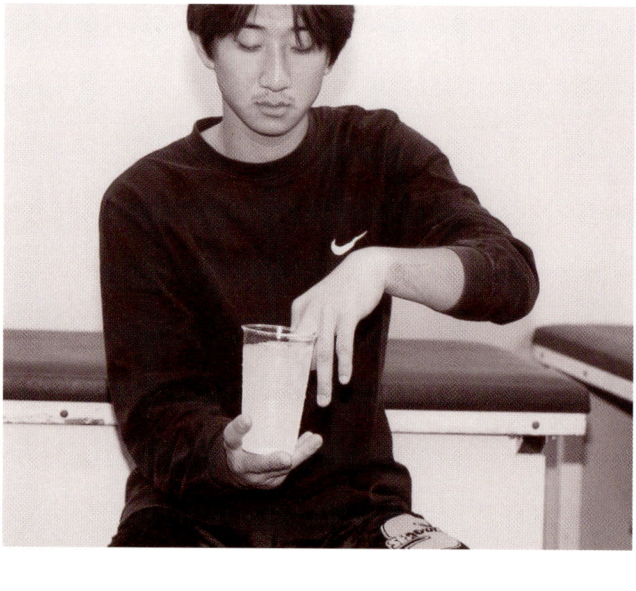

図3-28　氷水を入れたコップに指を浸す方法

②手順と注意

できるだけ小さなアイスパックを用意して患部の指に当て、痛みのある部分に応じて、上記の要領で固定します（図3-27②～④）。

傷めた指だけを効率よく冷やすには、コップに入れた氷水に指を浸すという方法もあります。これはパートナーの助けを必要としないので手軽です（図3-28）。

3―12 部位別・傷害別アイシング⑥ ――その他の急性傷害

1 カリフラワーイヤー

カリフラワーイヤーは、柔道やレスリング、ラグビーなどの選手に特有の傷害で、畳やマットに耳を強くこすりつけたり打撲したりした結果、耳の軟骨と皮膚の間に内出血が起こるものです。適切な応急処置をせずに放置しておくことを繰り返すと次第に耳が変形し、凸凹のカリフラワーのようになってしまうことからこう呼ばれています（図3-29）。

すでに内出血が起こり、大きく腫れている場合はすぐに病院へ行って溜まった血を抜いてもらわなければいけません。しかし病院へ行くまでの応急処置として、内出血を少しでも軽減するためにアイシングが有効となります。

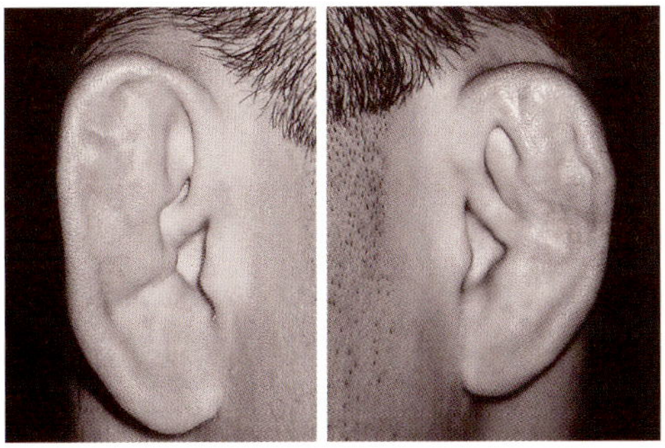

図3-29　カリフラワーイヤーの症例

図3-30　カリフラワーイヤーのアイシング

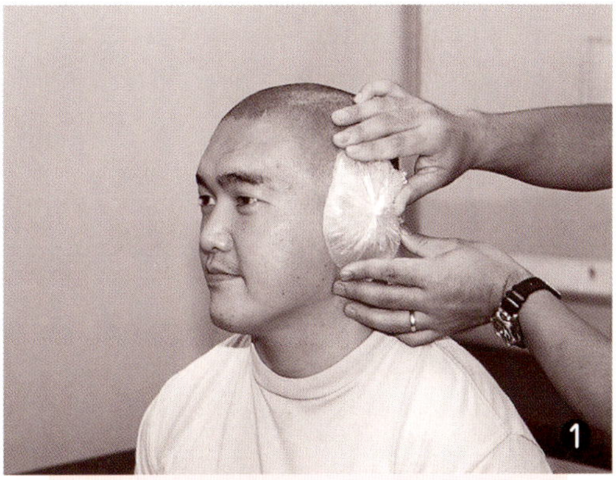

耳全体をアイスパックで覆う。

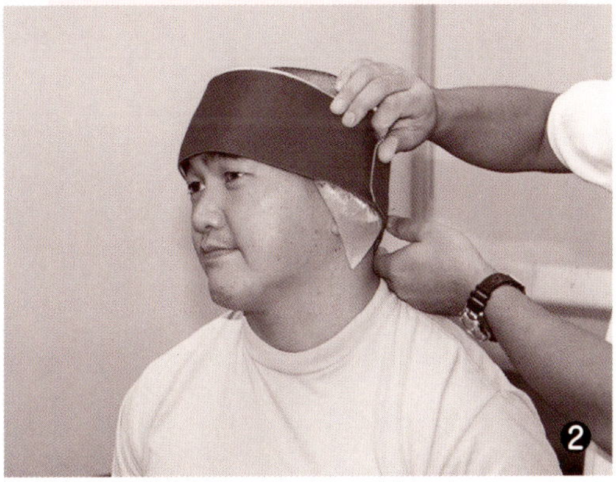

バンデージで圧迫する。

それほど腫れていない場合でも、耳を強くこすったり、ぶつけたりして痛いときには、やはりアイシングしておくと内出血を最小限にくい止め、症状を悪化させなくてすみます。図3-30のように耳全体をアイスパックで覆い、バンデージ等で圧迫を加えます。

2 頭部・顔の軽い打撲

頭部や額、頬などを固いものにぶつけると、当たった部分が内出血して腫れてくることがあります。いわゆる「たんこぶ」ですが、これにもアイシングが有効です。冷やすことで、内出血を最小限にくい止めることができます。

皮膚に切り傷があって出血している場合には、洗浄・消毒・患部の保護をしてから冷やします。

3 口の中を切ったとき

相手選手やボールにぶつかって口の中を切ってしまうことも、スポーツ中にはしばしば起こります。そういうときにもアイシングは有効です。氷を口の中に入れてゴロゴロ転がすようにすれば（図3-31）、痛みが軽減され、その後に生じる腫れを抑えることができます。

図3-31　口の中を切ったときのアイシング

❶ 氷を口に含む。

❷ 口の中で氷を転がす。

3—13

慢性障害のアイシング①——肘の痛み

1 肘への繰り返しの負荷

肘に慢性的な痛みが発生するスポーツは、ある程度限られています。野球を代表とする「投げる」動作の多いスポーツ、そしてテニスなどのラケットスポーツです。投球動作やラケットのスイング動作によって肘の関節周辺への負荷が繰り返され、痛みが起こってきます。

図3-32　投球時に肘関節に働く力（左図）と野球肘の症状が進んだ例（右図）

2 野球肘

肘の慢性障害で代表的なものに、野球肘があります。これは小学生・中学生の野球選手に起こる特異的な症状なのでそう呼ばれています（野球選手以外でも投げる動作を繰り返せば、同様の症状が起こる）。なぜ子どもだけに起こるのか。それは骨の成長がまだ完成していないので、骨や軟骨が傷つきやすい状態にあるからです。

野球肘では、肘の外側や内側が投球のときに痛みます。投球動作のとき、肘の内側では骨と骨が互いに引き離される力が、外側では骨と骨がぶつかる力が働きます（図3-32、左図）。このストレスが繰り返されることによって、内側では筋肉の付け根の軟骨に傷がついたり靱帯がゆるんだりし（または切れる）、外側では骨や軟骨が壊され、ひどい場合は部分的にはがれ落ちてしまう場合があります（図3-32、右図）。はがれ落ちた骨のかけらが関節の中で引っ掛かり、激しく痛むうえに関節のスムーズな動きが妨げられます。

野球肘は軽いうちならば、しばらく練習を休んで安静にしているだけで治ってしまいますが、症状が進むと手術が必要になったり、場合によっては野球をやめなければならなくなります。そうならないためには、痛みがひどくならないうちに医師に診てもらい、きちんと対処することが大切です。

医師から安静を指示されたときの補助的なケアとして、あるいは痛みが消えて練習を再開した後の再発予防策として、アイシングが有効に

図3-33　アイスパックを用いる場合の肘のアイシング

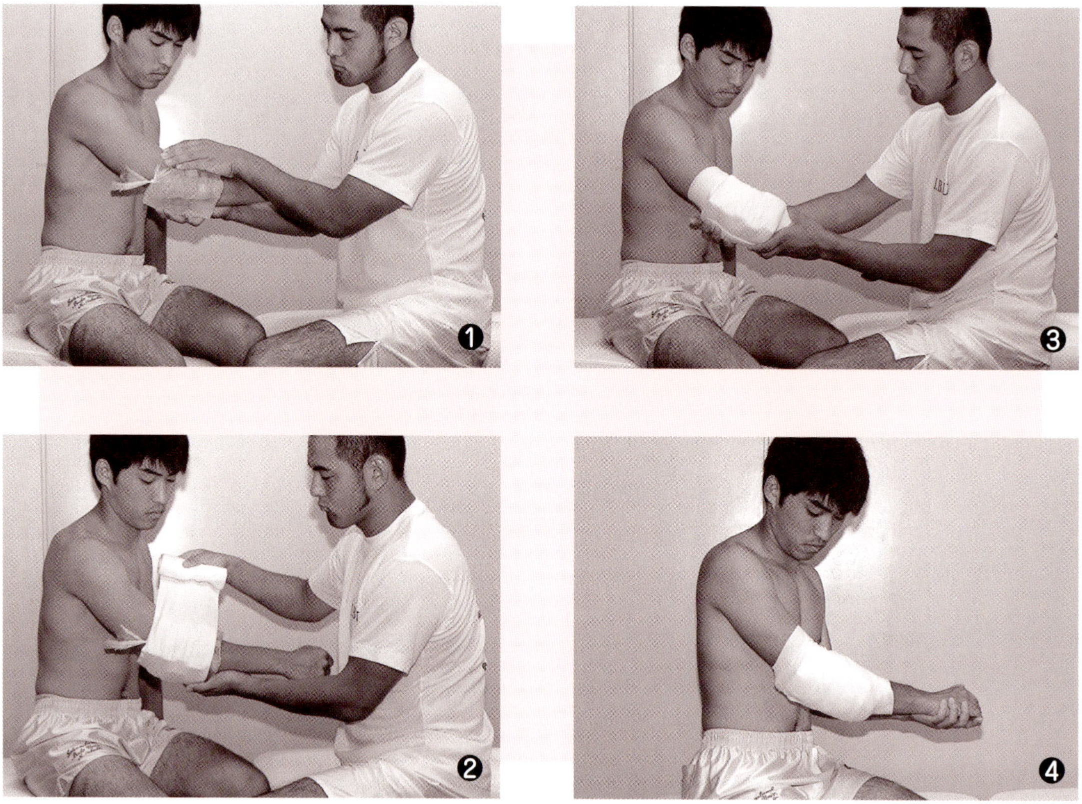

痛みのある部位を中心に広めにアイスパックを当て、バンデージで圧迫・固定する。この際、圧迫を強くしすぎないように。強すぎると神経を刺激してしまい、痺れが生じる。

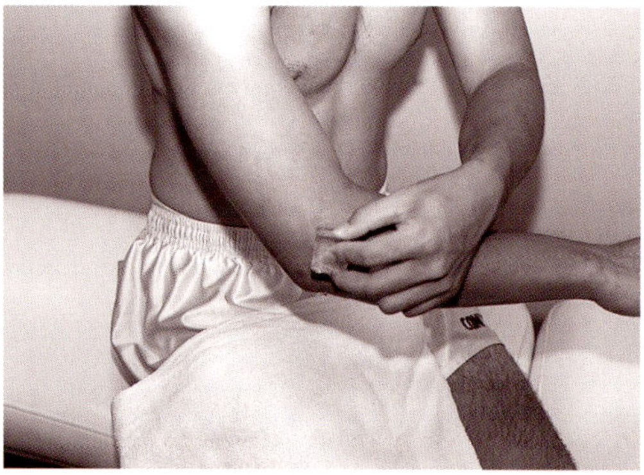

図3-34　アイスマッサージ
痛みのある部位を中心に、円を描くように氷でマッサージする。水滴がたれるので下にタオルを置くことを忘れないように。

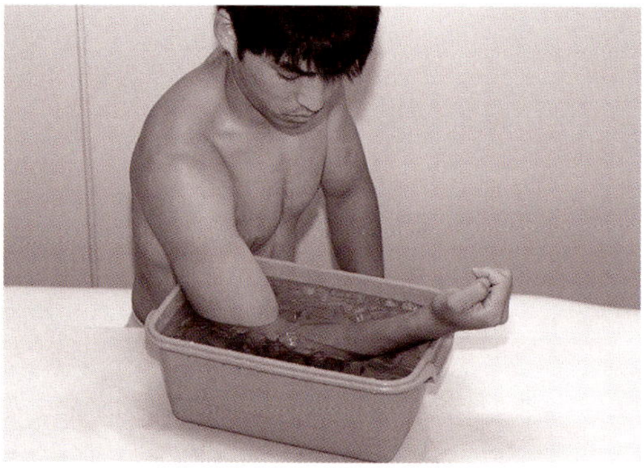

図3-35　アイスバス（アイスバケツ）
選手がひとりでやる場合、これが最も手軽かもしれない。ときどき氷水をかき回して水温が一定になるようにする。これは食器洗い桶。肘が入れやすく適度な深さがあるものなら容器は何でもよい。

なります。

3 テニス肘

ラケットを用いるスポーツでは、プレー中、ラケットを固定したり手首を反らしたりする動作を繰り返すため、前腕部の筋肉には常に大きな負荷がかかります。そのため、肘の付近で前腕部の筋肉が骨につながっている部分が炎症を起こし、慢性的な痛みが発生します。テニスをしている人に多くみられるので、この症状を一般的にテニス肘と呼んでいます。

4 他のスポーツでも起こる

ラケットスポーツでなくとも、手首を反らす動作を繰り返すスポーツ、例えばゴルファーも同様の症状を起こすケースがよくあります。さらに日常生活でも、同じような負荷で肘が痛くなる場合があります。雑巾しぼり、あるいは金槌の振り下ろしなどがそうです。

テニス肘的な痛みは筋肉の炎症というケースがほとんどなので、野球肘ほど深刻ではありません。日常のケアをしっかりやっていれば予防にもなりますし、悪化を防ぐこともできます。

ケアの方法としては、筋力トレーニングと併用してのアイシングがとても有効になります。毎日の練習後、痛みのある部位を冷やします。

5 アイシングの実際

慢性的な痛みの場合は、急性傷害とは異なり、応急処置は必要ありません。ですから基本的にはRICEすべてを行うのではなく、Ｉすなわちアイシングのみを行って患部をケアするという考え方でいいでしょう。運動後、痛みや違和感のある部位をアイシングすれば、痛みを鎮め、炎症を抑えて症状の悪化を防ぐことができます。

確保できる氷の量や目的によって、いくつかのアイシングの方法が選択できます。アイスパックを用いる方法（図3-33）が最も一般的ですが、固定するためのバンデージがない場合、パートナーがいない場合、氷の量が少ない場合などは、患者自身が氷を持って行うアイスマッサージが便利です（図3-34）。アイスマッサージは、痛みが激しい部位を特定して冷やす際にも有効です。このほか、氷水を入れたバケツ（アイスバス）に肘を浸す方法もあります（図3-35）。冷やし続ける時間に関しては、応急処置の場合と同様、１回当たり20分間が一つの目安となります。

3－14

慢性障害のアイシング②——膝の痛み

1 体重を支え衝撃を吸収する

膝の関節は、あらゆるスポーツ動作で体重を支える、衝撃を吸収するなど重要な役割を担っています。人体の構造上、大きな力が加わる部分なのでもともと頑丈にはできているのですが、スポーツ活動では日常生活では考えられないような大きな負荷がかかるうえ、それが繰り返されるという状況が起こるため、それに耐えきれずに関節内のどこかの部分に歪みが生じるケースがあります。これが、いわゆる膝の慢性障害です。

2 ジャンパー膝

膝の障害の中でも代表的なものがジャンパー膝です。ジャンプを繰り返すバレーボールやバスケットボールの選手に多いことからこう呼ばれています。これは膝のお皿（膝蓋骨）と大腿の筋肉、すねの筋肉をつないでいる腱や靱帯が炎症を起こす症状です。お皿の下端（膝蓋靱帯）

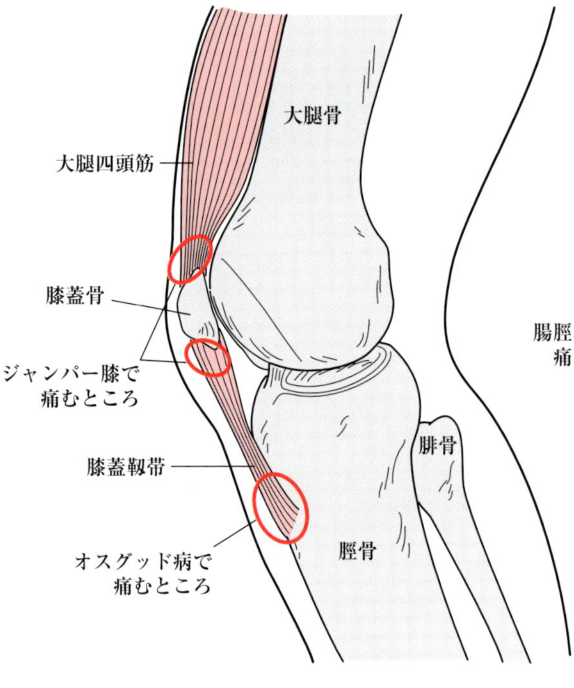

図3-36　ジャンパー膝とオスグッド病で痛むところ

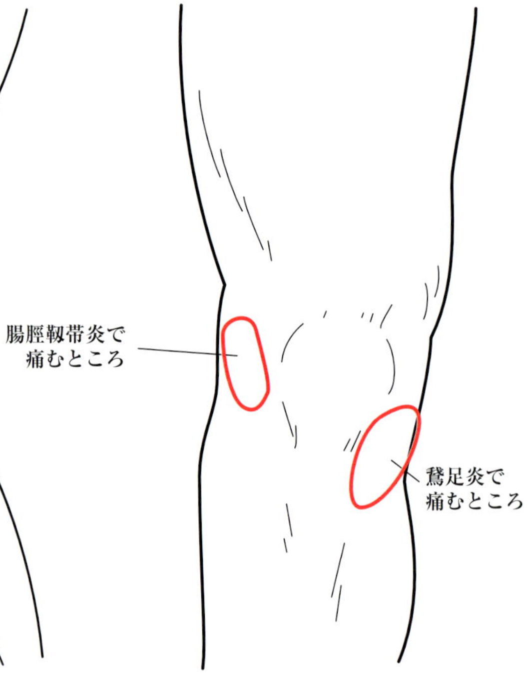

図3-37　鵞足炎と腸脛靱帯炎で痛むところ

が痛くなるのが一般的ですが、上端（大腿四頭筋腱）付近が痛くなることもあります。二つの異なるものがつながってできている構造物は、その連結部分が壊れやすいという宿命があります。人間の体もその例外でなく、筋肉と骨をつないでいる腱や靱帯に酷使のシワ寄せがきて痛みが発生するわけです。その部位に負荷がかかるのはジャンプ動作だけとは限らず、ランニングやキックの動作も同様です。したがって、陸上競技の長距離選手やサッカー選手にもよく発生します。

原因は大腿四頭筋の筋力・柔軟性不足であることが多いので、症状緩和と悪化防止のためには筋力トレーニングとストレッチングが有効です。それらに加えて、アイシング。練習後のアイシングを励行すれば、痛みを緩和し炎症を抑えることができます。

3 オスグッド病

まだ骨の成長が完了していない発育期の子どもの場合は、ジャンパー膝と同じメカニズムでまた別の症状が出る場合があります。膝蓋靱帯の下側の端はすねの骨に付着しています。発育期の子どもは、この付着部の骨が非常にもろく、靱帯を引っ張る力が強すぎると骨の付着部が炎症を起こし、ひどい場合は剥離してしまいます（大腿四頭筋が力を発揮するたびに強く引っ張られる）。この症状をオスグッド病といい、その剥離したところが痛みます。発育期の選手は、往々にしてジャンパー膝になる前にこのオスグッド病になります。

オスグッド病と診断された場合は医師の指示に従い、しばらく練習を休むなどの処置が必要です。その際、ただ休養しているだけでなく能動的な治療として、大腿四頭筋のストレッチングと痛む部位へのアイシングを行うと、早期回復の手助けとなるでしょう。

4 その他の障害

その他にも、膝には多種多様な慢性障害が発生します。

膝の内側が痛むのが鵞足炎《がそく》。これは、太ももの裏側の筋肉群（ハムストリングス）の先端部分、つまり腱が鵞鳥の足のような形ですねの骨に付着しているのでその部分を鵞足と呼び、そこが痛む障害を鵞足炎と呼んでいます。ハムストリングスを使いすぎて柔軟性が低下すると、鵞足の部分が引っ張られて痛むのです。走ることの多い陸上競技やサッカー選手、また膝の内側へ体重がかかりやすいX脚や扁平足の人にも起こりやすい障害です。

膝の外側が痛むのは腸脛靱帯炎。ふとももの外側にある骨（腸骨）とすねの骨（脛骨）を結んでいる紐状の細長い靱帯が痛む障害です。この靱帯は膝の曲げ伸ばしをするときに大腿骨先端の太くなった部分に擦れます。ランニング練習のしすぎなどでその摩擦が大きくなると、炎症を起こします。したがって陸上競技の中・長距離選手に多い障害です。O脚だと膝が外側に張り出していて靱帯が引っ張られる力が大きくなり、摩擦の程度が増すので、さらに発生しやすくなります。

これらの障害は、特定部位の使いすぎから起こる、いわゆるオーバーユース症候群の典型的なものです。日常のケアとしてストレッチングやアイシングを励行することが、予防と悪化防止のキーポイントとなります。

5 アイシングの実際

上記のような痛み発生のメカニズムをある程度理解すれば、冷やす部位はかなり限局されます。方法としては、炎症を起こしていると思われる靱帯や腱などをピンポイントで狙う場合は、アイスマッサージ（図3-38、3-39）が有効です。凸凹した面をまんべんなく冷やすことができるからです。図3-38ではキューブアイスを、図3-39では紙コップで作った氷を使っています。紙コップの氷は、①大きいので長持ちする、②コップをつかんで冷やすので手がそれほど冷たくない、③余った氷は再び冷凍庫に入れて保存できる、などの利点があります。

どこが痛いか今一つ限定できない場合や、周囲の筋肉がこわばり、それをほぐす必要がある場合などは、アイスパックを用いて広い範囲で冷やすのも有効です（図3-40）。圧迫はRICEに比べたら弱めに。冷やす時間はやはり20分間が目安です。

COLUMN

アイシングをしてはいけない人

ごく稀にですが、寒冷刺激に対してアレルギー反応を示す人がいます。アイシングをすると皮膚に、じんましんが発生したりするものです。じんましんが出たとしても、多くの場合は心配する必要はなく、何度かアイシングを繰り返しているうちに慣れてきて症状が軽くなります。しかし、念のためそのような症状が出た場合には医師と相談し、アイシングの利用法を検討したほうがいいでしょう。

また、これも非常に少数ながら先天的に寒冷刺激に弱い体質の人がいます。冷やすことによって指先など末梢の血流が過度に減少してチアノーゼ（青黒く変色する）を起こし、無感覚やピリピリした痛みをもよおす。これをレイノー現象といいますが、これを代表例とする血管攣縮性障害の持病、あるいは既往症がある人には、ふつうの人と同じようにアイシングを施すことができません。やはり医師に相談すべきでしょう。

その他、心疾患を持つ人、局所循環障害を持つ人にもアイシングは禁忌とされていますので注意が必要です。

じんましんが出たら医師に相談を

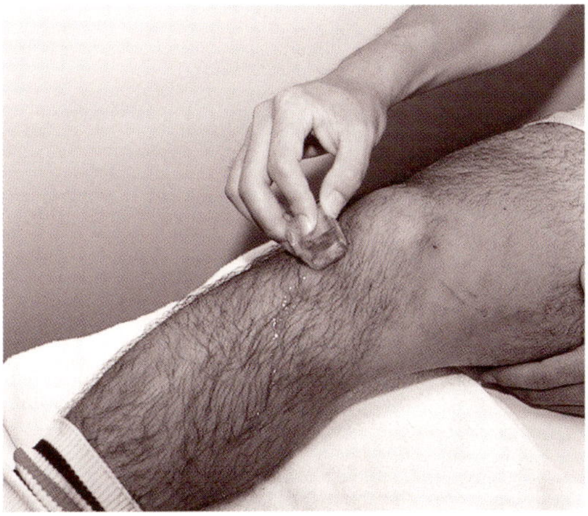

図3-38　キューブアイスを用いたアイスマッサージ
お皿周辺の凸凹したところを冷やすのに都合がいい。

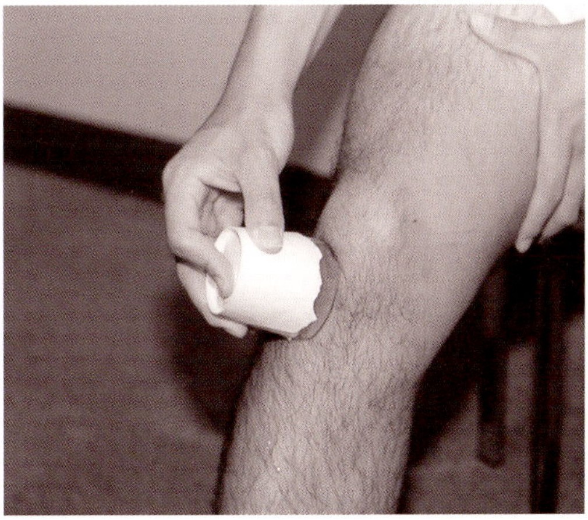

図3-39　紙コップの氷を用いたアイスマッサージ
手が直接氷に触れないので扱いやすい。

図3-40　アイスパックを用いた膝へのアイシング

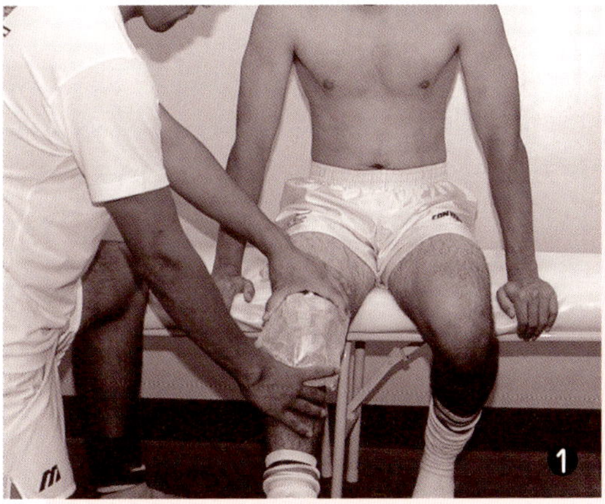

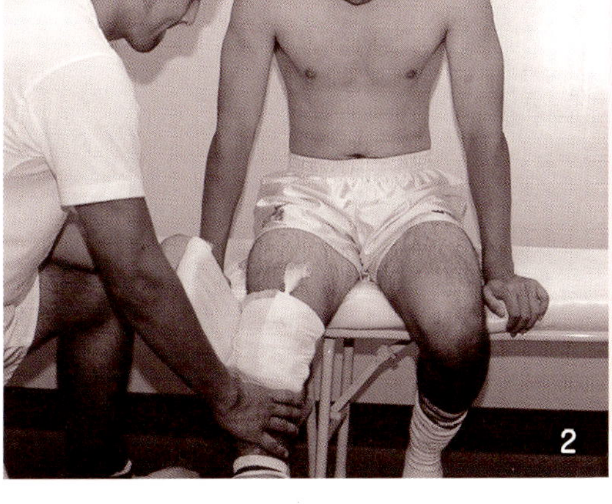

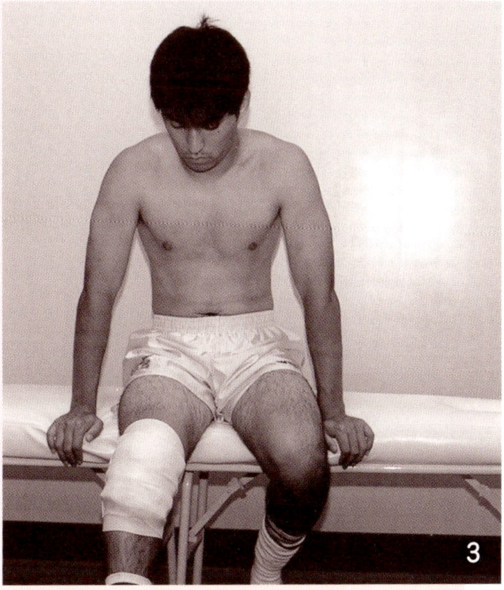

応急処置ではないので圧迫は軽めでよい。

3—15

慢性障害のアイシング③——肩の痛み

1 負担がかかりやすい構造

野球やハンドボールなど“投げる”動作を繰り返すスポーツ種目の選手にとって、肩の障害は職業病のようなもので、慢性的な肩の痛みに悩まされるケースが本当に多いものです。

肩の関節は、腕をグルグル回せることでもわかるように、数ある人体の関節の中で最も自由度に富んでいます。これだけの可動範囲を確保しつつ、力一杯ボールを投げても腕が抜けないように踏ん張らないといけないわけですから、もともと関節部には大きな負担がかかる宿命にあるといえます。また、自由度を確保するために非常に複雑な構造になっているので、細かいところに微妙な歪みが生じやすいという一面もあります。

2 摩擦が痛みを起こす

腕を大きく動かすたびに、肩関節の内部では骨と骨、骨と腱、骨と靱帯という具合に隣り合った組織どうしが擦れ合う摩擦現象が発生します。その摩擦が一定の限度を越えると炎症が起こり、慢性障害に発展するのです。

前述したように肩関節の構造は複雑で、多くの骨や腱、靱帯が入り組んでいますので、その摩擦現象はいたるところで発生する可能性があります。選手によって肩の前側が痛んだり、後ろ側が痛んだり、あるいは上側であったりというように個人差があるのはそのためです。

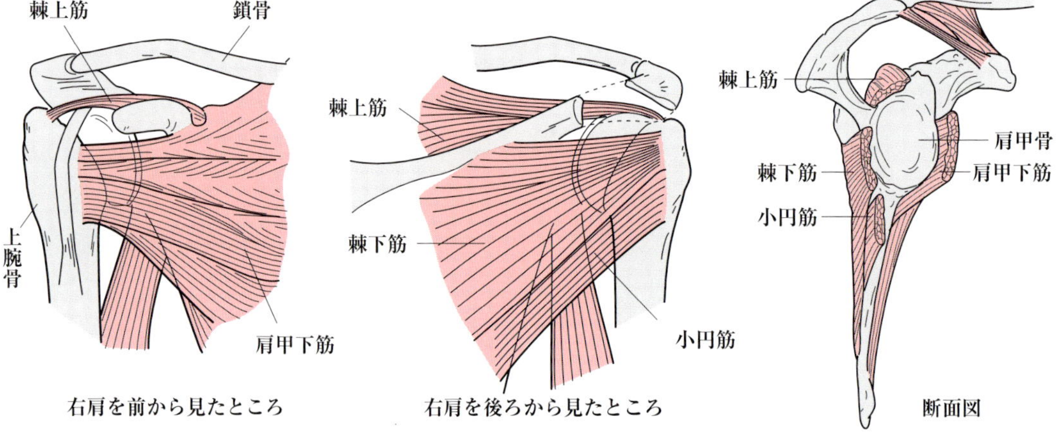

図3-41　肩のインナーマッスル

図3-42　アイスパックを用いた肩のアイシング

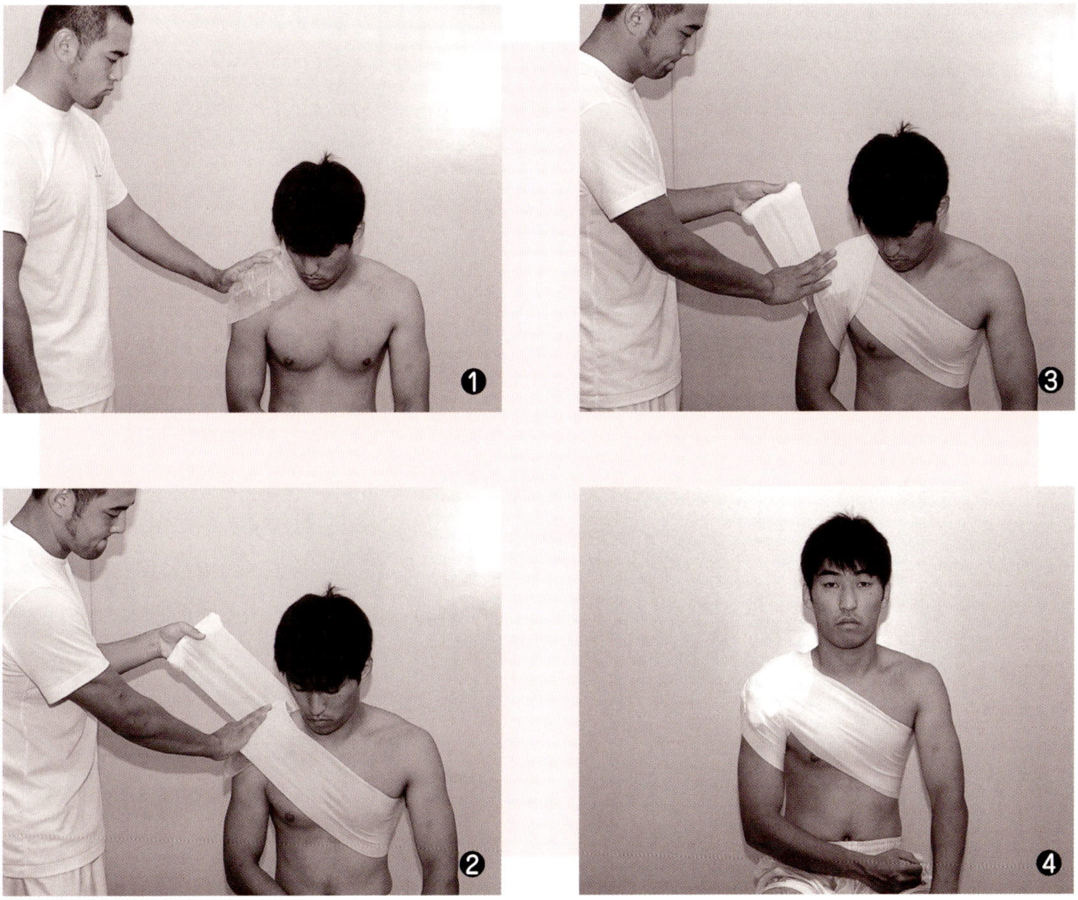

選手自身がひとりで行うのは困難なので、パートナーがバンデージを巻いてやらなければならない。

3 肩甲骨周辺の痛み

投球動作で勢いよく腕を振り下ろすとき、腕が抜けないようにブレーキをかけているのは、インナーマッスルと呼ばれる肩甲骨に付着している小さな筋肉群です（図3-41）。投球動作を繰り返すと、当然これらの筋肉の負担も増え、炎症が生じやすくなります。

肩甲骨周辺の慢性的な痛みはこのインナーマッスルの炎症であるケースが多く、これを予防するためには筋力トレーニングと練習後のアイシングが欠かせません。

4 脱臼の後遺症

肩は脱臼を起こしやすい関節です。脱臼を一度起こすとクセになり、何度も繰り返す選手がいます。そういう選手は関節がゆるい、もしくは弱くなっているので練習が終わるたびに痛みや熱を生じる場合があります。これは急性傷害が慢性化したもの、あるいは後遺症と言えますが、やはりアイシングが患部をケアする重要な手段となります。

5 アイシングの実際

肩の慢性的な痛みは、関節の深いところで起こっているケースが多く、本人も患部を細かく限定しにくいものです。肘や膝のように炎症の起こっている部位をピンポイントで狙って冷やすことができればいいのですが、それが難しいため、痛みのあるところの周囲を広い範囲で冷やす方法が基本となります。

したがって使用するのはアイスパック。それを幅広の長いバンデージで巻いて固定します（図3-42）。この写真では膝や肘を冷やすのと同じ大きさのアイスパックを用いていますが、ケースバイケースで（例えば肩甲骨周辺が痛む場合など）は、もっと大きいものを使ったほうが効果的でしょう。バンデージはゆるめに巻き、冷やす時間は1回あたり20分程度とします。

3—16

慢性障害のアイシング④——腰の痛み

1 筋力と柔軟性不足

腰の慢性的な痛みは、椎間板ヘルニアや腰椎分離症など、骨とその周辺組織に異常が生じているケースもあるので、まずは医療機関できちんと診察を受けることが大切です。

しかし、レントゲンを撮っても特に異常が見当たらないということが多いのも、腰の痛みの特徴です。異常は見当たらなくても、やっぱり痛い。これらは多くの場合、何かの理由で腰の筋肉が慢性的なスパズム（硬くこわばる現象。詳しくは26頁参照）を起こしています。こうした腰痛が起こる原因としては、背筋に比べて腹筋の筋力が弱すぎたり、腰の左右の筋力がアンバランスだったり、疲労のため背筋の筋力や柔軟性が極端に低下していたりといった要素が考えられます。腹筋や背筋だけでなく、お尻やふともも の裏側、脚の付け根など体幹部の他の筋肉も、実は腰痛と密接な関係があり、これらの柔軟性が低下すると腰痛を引き起こすことがあります（図3-43）。

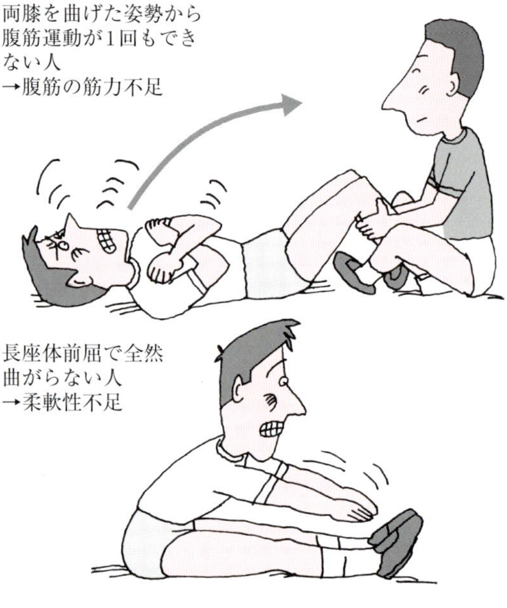

両膝を曲げた姿勢から
腹筋運動が1回もでき
ない人
→腹筋の筋力不足
長座体前屈で全然
曲がらない人
→柔軟性不足

図3-43　腰痛が起こりやすい人

2 筋・筋膜性腰痛

レントゲン検査で何も異常が見当たらず、痛みの原因が筋肉そのものにあると考えられる腰痛を、一般的に筋・筋膜性腰痛と呼び、慢性的な腰痛患者の大半がこのタイプだといわれています。筋・筋膜性腰痛は、前述のように腰周辺の筋肉の筋力不足や柔軟性低下によって起こりますので、治療と予防には筋力トレーニングとストレッチングが必須となります。加えてアイシングを行うことで、スパズムを軽減し症状を緩和することができます。

3 レントゲンで異常がある場合

椎間板ヘルニアや腰椎分離症と診断された場合でも、軽い症状ならふつうは手術には至りません。様子をみながらスポーツ活動を継続することになりますが、その場合にも練習後の痛みの緩和や症状悪化の防止策として、アイシングを利用するととても効果的です。

4 冷やすべきか温めるべきか

腰は冷やすのではなく温めたほうがいいという意見もあります。確かに温めた場合も筋肉の緊張が取れて動かしやすくなりますし、痛みも緩和するケースも多いようです。同じ腰痛でもぎっくり腰の応急処置で温めるというのは絶対に勧められませんが、ここで述べている慢性的な痛みへのケアの手段としては、温めることも有効です。炎症がほとんどなく、温めても症状が悪化する恐れがないと考えられる場合には、好みで温めてもいいでしょう。

5 アイシングの実際

ただ冷やすだけでも十分に効果はありますが、腰痛対策としては筋肉の柔軟性を確保することがとても重要なので、ストレッチングとの併用をお勧めします。アイシングをした後に腰部やお尻、大腿部などのストレッチングをします。特に試合や練習後、腰がコチコチに張って歩くのもつらいようなとき、ひとまずアイシングをして痛みとスパズムを軽減させると、筋肉

図3-44　腰へのアイシング

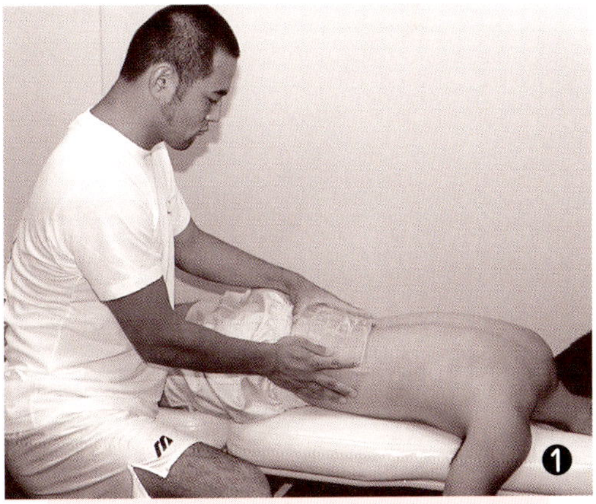

❶ アイスパックをただ載せるだけだが、他の部位で使うものより大きいアイスパックを用意したい。

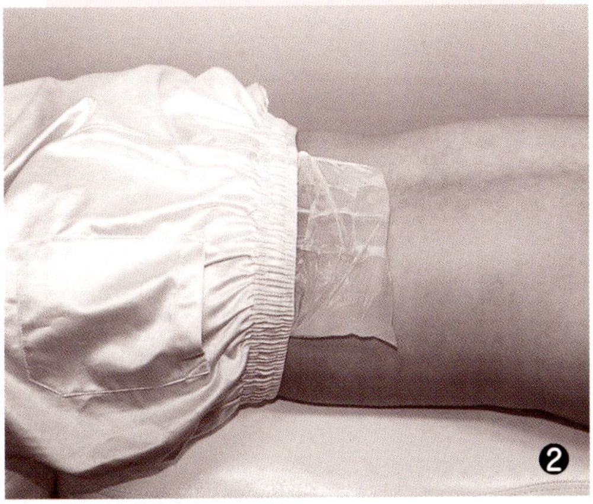

❷ アイスパックをパンツのゴムにはさむとずれ落ちにくい。

図3-45　座った状態で行う腰へのアイシング

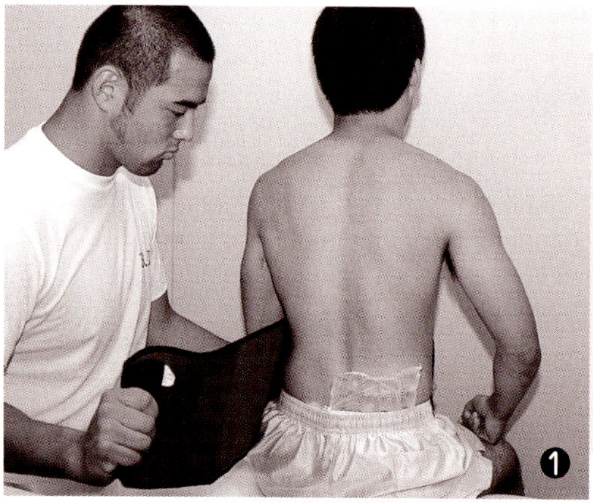

腰にアイスパックを当て、パンツやジャージのゴムではさみ、上から幅広のサポーターを巻く。

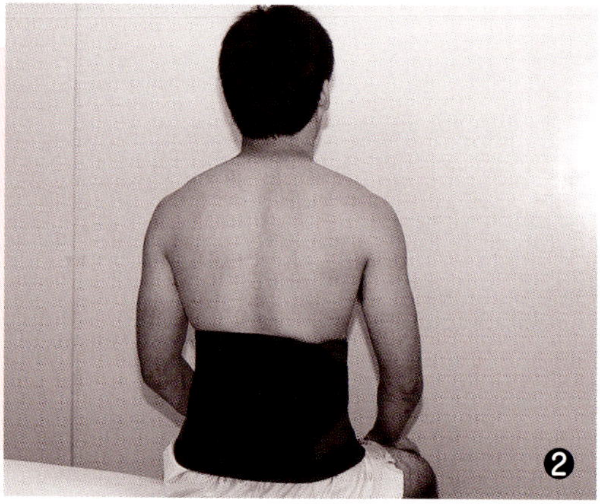

圧迫・固定し安静を保つ。

が伸びやすくなりストレッチングの効果も高まります。

腰は冷やす範囲が広いので大きめのアイスパックを用意しましょう。うつ伏せになってアイスパックを載せるやり方（図3-44①）が、最も筋肉がリラックスするうえ、アイスパックもずれにくい方法です。図3-44②のように短パンやジャージのゴムでアイスパックをはさむようすると、さらにずれ落ちにくくなります。

座った状態で冷やす場合は、図3-45のように腰用の幅広のサポーターを用いるとアイスパックを固定することができます。

なお冷やしておく時間は、やはり1回あたり20分間が目安です。

3—17 慢性障害のアイシング⑤ ——足裏、すね、アキレス腱の痛み

1 足の裏の痛み

陸上長距離選手やジョギング愛好者は、足の裏に慢性的な痛みを訴えることがあります。その多くは足の裏にある薄い膜状の筋肉、足底筋膜が走り過ぎの負荷で炎症を起こす障害で、足底筋膜炎と呼ばれています。

もともと土踏まずが低い扁平足の人や、反対に高いハイアーチの人にも起こりやすく、そうした人が固い路面でのランニングを繰り返したり、不適切なシューズを履いていると、なおさらこの足底筋膜炎になりやすくなります。

最大の原因は走り過ぎですから練習量を減らすのが一番なのですが、選手の場合はそう簡単にはいきません。痛みをうまくコントロールしながらできる限り質の高い練習を続けるために

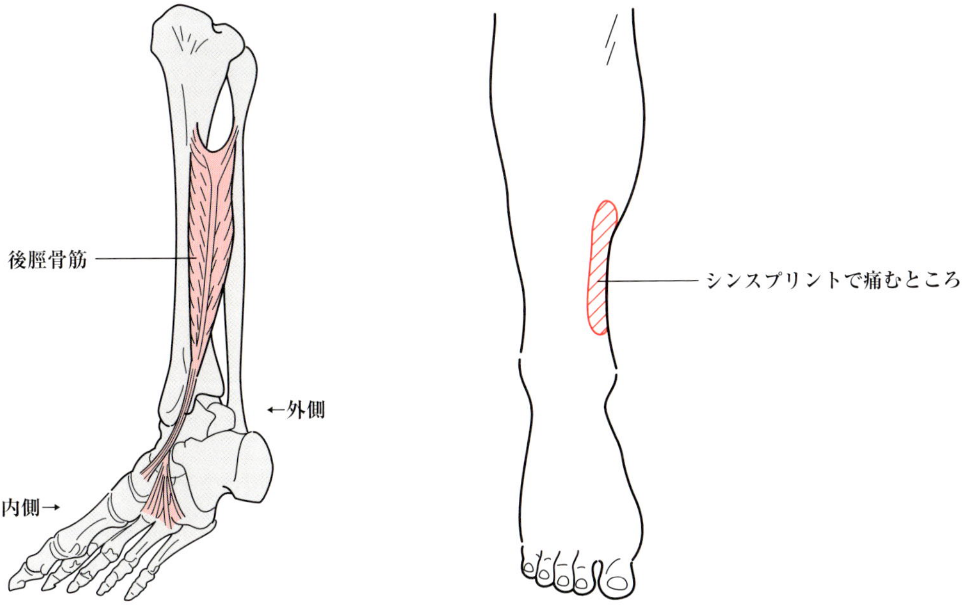

図3-46　後脛骨筋（左）とシンスプリントで痛むところ（右）

は、日頃のケアが重要になってきます。その手段としては、ストレッチングと並んでやはりアイシングが有効です。

また、かりにしばらく練習を休んだとしても、その間にアイシングをしていれば早期回復を助けることになるでしょう。

スポーツ選手以外でも、足底筋膜炎はよく起こります。例えば太りすぎや運動不足の人が急にウォーキングや登山などを始めて足の裏が痛む――これも多くの場合、足底筋膜炎です。もしそんな症状に悩まされることあれば、歩き終えて一息つくときにアイシングを行いましょう。きっと有効に働くはずです。

2 すねの痛み

土踏まずのアーチを引き上げている筋肉は後脛骨筋といって、内くるぶしを通ってふくらはぎの深層部で脛骨と腓骨（すねの2本の骨）に付着しています（図3-46、左図）。ランニングやジャンプ運動を繰り返すと、着地のたびにこの筋肉が引き伸ばされ、骨に付着している部分に負担がかかって炎症を起こすことがあります。これがシンスプリントと呼ばれる慢性障害で、陸上競技やバスケットボール、バレーボール、サッカー選手などによく発生します。すねの内側の、骨のきわあたりが痛くなります（図3-46、右図）。

これも典型的なオーバーユース（使い過ぎ）障害ですので、練習後などに痛む部分を丹念にアイシングすることで、症状の緩和と悪化防止に役立ちます。放っておくと骨そのものに炎症が及び、骨膜炎や疲労骨折に至るケースもありますので、症状の軽いうちにアイシングを励行して悪化防止に努めることが大切です。

3 アキレス腱の痛み

走ったり、ジャンプをしたり、横方向にステップを踏んだりするとき、必ず足は一度つま先立ちになって地面を蹴ります。そのときに重要な役割を果たしているのがアキレス腱で、ふくらはぎの筋肉が収縮して生み出した力を、アキレス腱が足に伝えて蹴りの動作が行われます。

スポーツではこの動作が頻繁に行われるので、毎回毎回、アキレス腱には大きな力が加わります。もし、ふくらはぎの筋肉が疲労していて筋力が低下していたり、柔軟性が低下していたりすると、アキレス腱への負担がそれだけ大きくなり、この部位にけがが起こります。瞬間的に耐えがたい力が加わってアキレス腱が切れてしまうのが、有名なアキレス腱断裂です。そして、断裂には至らないものの、アキレス腱そのものや周囲が慢性的に痛くなるのがアキレス腱炎（またはアキレス腱周囲炎）です。

アキレス腱炎は慢性化すると痛みが非常に長引き、やっかいな障害の一つです。練習後、必ず痛みが起こるのにそれを放ったらかしにしてプレーを続けていると、あとあと慢性化してとても悩まされることになりますので、症状が軽いうちにしっかりケアをしておくことが重要です。ケアの方法としては、ふくらはぎのストレッチングと痛みのある部分へのアイシングが基本です。ある程度慢性化した場合でも、アイシングが主たる治療手段となります。

4 アイシングの実際

ここで触れた足の裏、すね、アキレス腱は比較的小さい部位であるうえ、痛みの発生源が限

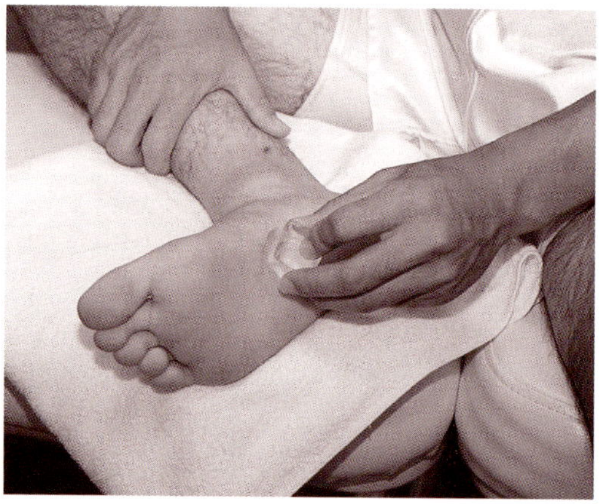

図3-47　足の裏（足底筋膜炎）に対するアイスマッサージ

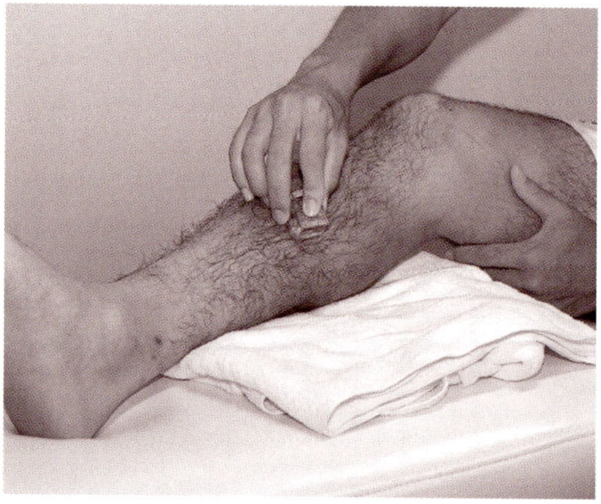

図3-48　すねの内側（シンスプリント）に対するアイスマッサージ

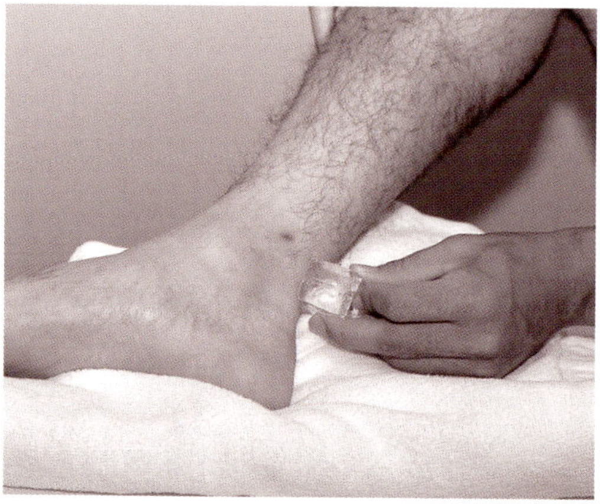

図3-49　アキレス腱に対するアイスマッサージ

局できるケースが多いので、アイスマッサージが適切です。痛みのあるところに直接氷を当てて、約20分間、なでるように動かします（図3-47～3-49）。

3―18

慢性障害のアイシング⑥ ――手首、足首の痛み

1 手首の痛み

器械体操やウエイトリフティングなどの競技種目に限られますが、手首の慢性的な痛みもスポーツ選手にはよく起こります。これは、手首に繰り返し与えられる荷重負荷によって、骨や靱帯、腱が炎症を起こすものです。骨と骨とが衝突して欠け、その破片が関節の中で他の柔らかい組織を刺激して痛むケースもあります。

手首のこうした痛みも放っておくとなかなか治らなくなるので、症状が軽いうちからアイシングによって日常のケアを行うことがとても重要です。方法としては、小さな部位なのでアイスマッサージが便利です（図3-50）。

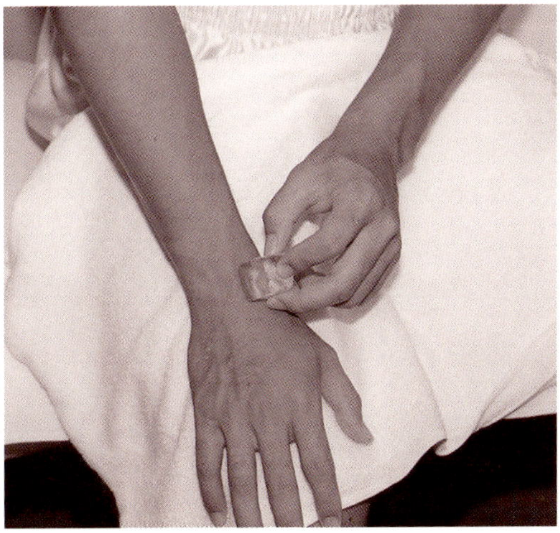

図3-50　手首へのアイスマッサージ

2 足首の痛み

足首の捻挫は、スポーツ選手のけがの中で最も発生頻度が高いもので、これがクセになったり後遺症を引きずるケースも非常に多いものです。

プレーするたびに足首の古傷が痛む――そういうケースでもアイシングは重宝します。試合や練習が終わったら、痛みを鎮めるためアイスマッサージ（図3-51）などで必ず足首を冷やすようにしましょう。

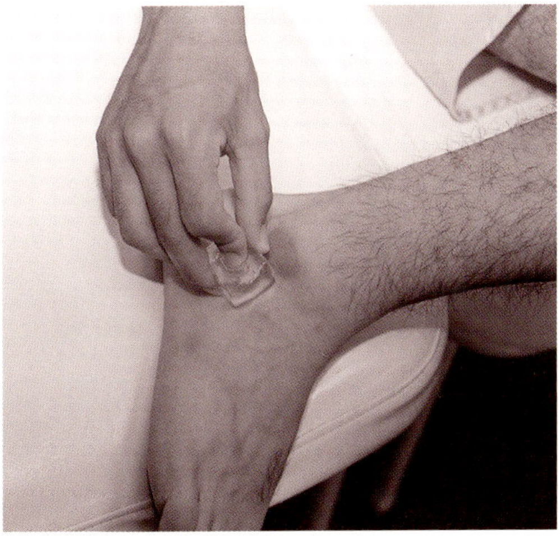

図3-51　足首へのアイスマッサージ

3—19

凍傷の予防

1 凍傷を引き起こす要素

アイシングは手軽で便利な治療（コンディショニング）法です。しかし、体の特定部位を冷やすという行為である以上、冷やしすぎによる凍傷には十分注意しなければなりません。油断していると皮膚がただれる、水膨れになるなどの症状も起こりうるので、気をつけましょう。

では何が原因で凍傷が起こるのでしょうか？一般的には、次に挙げる条件が関与するといわれています。

・冷却時間
・冷却媒体（氷など）の温度
・冷却媒体の種類
・圧迫の度合い

これまでスポーツ現場で起きた凍傷の症例で多かった問題点が、2番目の「冷却媒体の温度」です。すなわち、氷など、そのとき用いる冷やすための媒体がどれくらいの温度であるか。これが最も凍傷の発生に関与している可能性が高い——簡単にいえば、温度の低すぎるものは危ないということです。冷たすぎる氷やコールドパックは用いないようにすることが、凍傷予防の最も重要ポイントなのです。

以下、具体的な症例をみながらその根拠を確かめていきましょう。どれも、教科書的な方法にしたがっていたにもかかわらず凍傷になってしまったケースです。

◆症例1：柔道オリンピック候補選手

女子柔道のオリンピック強化指定選手が、最終選考会を前にした練習で足首を捻挫してしまいました。道場に冷蔵庫があり、冷凍室の中にコールドゲルパック（ゲル状の薬品が入っていて、凍らせるとカチカチになるもの。コールドパックの一種）があったので、コーチがそれをいくつか取り出し、患部に当ててタオルで縛りました。

5分ほどしてからトレーナーが気づいて駆け寄ったところ、パックは皮膚に貼りついていました。それを取ると皮膚は赤く腫れ上がり、翌日には水膨れが生じました。

捻挫そのものは大したことはなかったのですが、この凍傷が尾を引き、結局満足な練習ができずに選考会には間に合いませんでした。皮膚がただれてテーピングもできない状態だったのです。

このケースでは、冷やした時間はたった5分です。圧迫もタオルで縛ったのならそれほど強すぎるということはないでしょう。しかし、とっさに用いたコールドゲルパックの温度が、冷凍庫でマイナス以下かなり低い温度になっていたと考えられます。

◆症例２：陸上競技三段跳び選手

大学生が帰省して参加していた県選手権の試合中、助走の途中で「ブチッ」ときました。ハムストリングスが肉離れを起こしたのです。すぐにアイシングをしようとしましたが、競技場に氷がなかったため、仲間が近所の民家に走って氷をもらってきてくれました。それをビニール袋に入れ、患部に当てました。ところがそのまま本人は寝てしまったのです。約30分ほどして目が覚め、氷を外そうとすると、ビニール袋が皮膚に貼りついていました。無理やりはがすと赤く腫れており、翌日はやはり水膨れです。その後、皮膚はただれてベトベトの状態となり、きれいに治るまでに４～５週間かかりました。

これは冷やした時間が約30分とやや長かったものの、それが直接の原因とは考えられず、民家からもらってきた氷の温度が低すぎたのではないかと考えられます。

◆症例３：陸上競技長距離選手

女子の長距離選手。大学での練習中に足首を捻挫しましたが、チーム内にトレーナーがいたので適切なRICE処置が行われました。そして帰宅する際、トレーナーは帰宅後もアイシングを行うように指示しました。それにしたがって自宅の冷蔵庫から氷を取り出し、患部に当てたところ、貼りついて皮膚はみるみるうちに赤くなりました。この場合も皮膚はかなりひどくただれてしまいました。

冷やす時間や方法はトレーナーの指示通りで適切に行われたにもかかわらず凍傷を起こしてしまったことから、このケースの主な原因も氷の温度であったと予想されます。

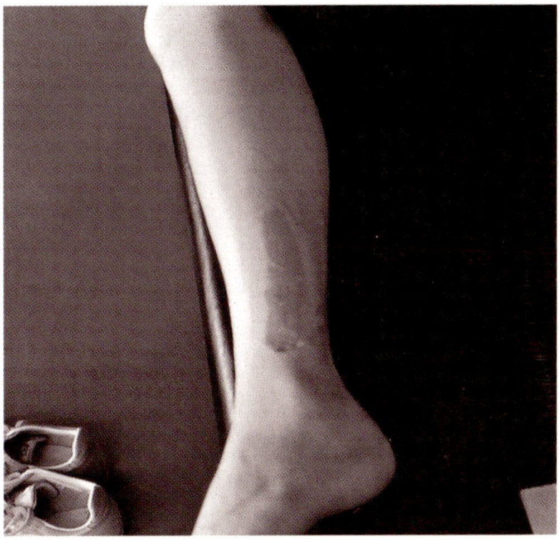

図3-52　凍傷の実例
　こうしたことが起らないように、氷の温度には注意を払おう。

2 冷蔵庫の氷は要注意、製氷機なら問題なし……………………

以上３例に共通しているのは、氷の場合もコールドゲルパックの場合も、家庭用の冷蔵庫から取り出した冷却用具を用いていることです。一般の家庭用冷蔵庫の冷凍室で作られる氷は、凍った後放っておくと、０℃以下のかなり低くまで温度は下がります。ある冷蔵庫の説明書によると、温度設定の目盛りを最強冷にしておくと－20℃まで冷えるとされています。氷だけでなくコールドパックの場合も同様に冷えます。症例が教えてくれるのは、冷たすぎる媒体を使うのは危険だということです。媒体の種類はそれほど問題ではありません。重要なのはその温度です。

製氷機で作った氷は、０℃に保たれ表面が溶けかかっています。ですから安全。これに対して冷蔵庫で作った氷は、しばしば表面に白い霜がついていて素手で触るとピタッとくっついてしまいます。こういう氷はマイナス以下かなり冷たくなっている恐れがあるので要注意です。コールドパックも全く同様で、それらを使うと意外に簡単に凍傷が起きてしまう可能性があります（一方、製氷機の氷であれば60分間冷やし続けても凍傷は起きないといわれている）。

凍傷を予防するために、0℃以下に冷えている可能性のある冷却用具を使う場合には、次のような対策が必要です。

・直接皮膚に当てるのではなく、間にタオルなどをはさむ（氷、コールドパック共通）。
・少し水を加えて溶けかかった状態にする（氷の場合）。

溶けかかった氷は、凍傷の危険性がほとんどないばかりでなく、冷却効率が抜群に高い（33頁参照）という利点もあります。冷蔵庫から取り出した氷の温度をいちいち確かめることはできません。必ず溶けかかった状態にしてから使う習慣をつけておいたほうが賢明でしょう。

3 コールドスプレーによる凍傷にも注意

凍傷に関する話でつけ加えなければならないのは、コールドスプレーについてです。スポーツ現場の応急処置アイテムとして広く普及したコールドスプレーですが、実はこれによる凍傷で医者にかかる例が少なくないのです。

コールドスプレーから吹き出される霧状のガスは、氷点下かなり低温になっています。ですからこれが長時間、同じ部位に当てられると皮膚が凍傷になる可能性があります。このため注意書には5秒間（または3秒間）以上継続して同じ部位に吹きつけないようにと書かれています。ただし、かりに3秒間吹きつけ、いったん休んでまた3秒間吹きつけることを繰り返したとすれば、それはずっと継続しているのとほとんど同じことです。皮膚は容易に表面が凍り、次第に冷却刺激に耐えられなくなってしまいます。このパターンで凍傷を起こし、病院に駆け込むケースが意外に多いのです。

コールドスプレーは冷却効果が組織の深部まで到達しないため、アイシングの代用になりにくいのは35頁で解説した通りです。深部まで冷却するために無理をして長時間使用すると、このように凍傷を起こす恐れがあります。

3-20 アイシング時の三禁

1 けがをしたときは我慢

これを読んでいる人の中には、競技というよりは、趣味的にスポーツをする人もいるでしょう。

「スポーツそのものよりも、汗を流した後のビールが楽しみなんだ」

わかります。その気持ち。まさにスポーツとその後のビールは、スポーツ愛好家にとってワンセットの喜び。相乗効果でストレス解消とリフレッシュをもたらしてくれます。しかし、けがをしたときは話が別。つらいでしょうがビールは我慢しなければなりません。

捻挫や打撲の応急処置でアイシングをしている最中、あるいはその日のうちのお酒は禁忌です。お酒を飲むと全身の血液循環が活発になり、患部の内出血が進行してしまいます。アイシングでせっかく患部の血行を減らし、内出血を抑える努力をしているのに、そのときにお酒を飲んでしまえば元の木阿弥、何の意味もありません。けがをしたら、少なくともその日だけはお酒は我慢して治療に専念しましょう。

2 風呂も制限して

お酒と同じ理由で、風呂もけがを悪化させる要因となります。全身が温まると血行が促進されるからです。けれどもスポーツの後、汗をかいたままの状態でいるというのは不潔ですし、気分も悪いもの。体を洗うことすら許されないわけではありませんので安心してください。シャワーなら大丈夫です。

試合や練習中にけがをして、すぐにRICE処置を施したとします。その後、ユニフォームを脱いで汗や泥を落とし、着替えをしなければなりません。このとき、可能ならアイシングをしたままシャワーを浴びることが望ましいでしょう。ちょっと不便ですがアイスパックを当て、弾性包帯で圧迫したままの状態でシャワーを浴びる。こうすれば、アイシング（加えて圧迫）の効果を持続させることができますし、患部が温まるのを防ぐことができます。

3 運動もご法度

最後に、これはRICE処置の基本ですがけがをしたらその後1～2日間は運動は控え、できる限り安静に保つこと。安静というのは患部だけでなく、体全体についてもいえることです。体を激しく動かせば、それだけ血液循環が促進され、やはり患部の内出血を助長してしまいます。同じ理由でマッサージも控えたほうがいいでしょう。

アイシングの効果を最大限に引き出すためには、アイシングで狙っている重要な生理学的効果（内出血を抑え、二次的損傷を防ぐ。22頁参照）にマイナスの影響を与える行為を慎まなくてはなりません。

酒、風呂、運動がアイシング時の三禁といわれるのは、こうした理由からです。

図3-53　アイシング中は、お酒は我慢…

3―21

移動・就寝中のアイシング

1 とりあえずできることを

けがをしたらまずRICE処置。しかしスポーツ選手にも日常生活がありますから、四六時中、けがの治療にかかりっきりになっているわけにはいきません。生活全体をRICEに合わせるわけにはいかないでしょう。試合会場や練習場から自宅に帰らなくてはならないし、食事もしなくてはいけない、夜には睡眠もとらなければなりません。ですから、生活をRICEに合わせるのではなく、むしろ、そうした日常生活のリズムに合わせてRICEを部分的に取り入れていくという考え方をしましょう。

まずは移動中、例えばスポーツ現場で応急処置を施した後、自宅に帰るまでの道中はどうすればいいでしょうか。選手専用のバス等があれば話は別ですが、公共の電車やバスの中に、氷を当てたまま乗り込むのはちょっと難儀です。溶けた氷が漏れてポタポタ落ちるかもしれないし、他の乗客の衣服や荷物を濡らしてしまうかもしれません。ですから移動中は、アイシングは休止して例えば圧迫だけをするようにします。それでも何もやらないよりは、はるかにいいでしょう。

2 就寝中は少し工夫を

寝るときも考え方は移動中と同じです。RICEの中で、できることのみを継続すればいいのです。圧迫もしくは挙上だけ、あるいはその両方が可能でしょう。

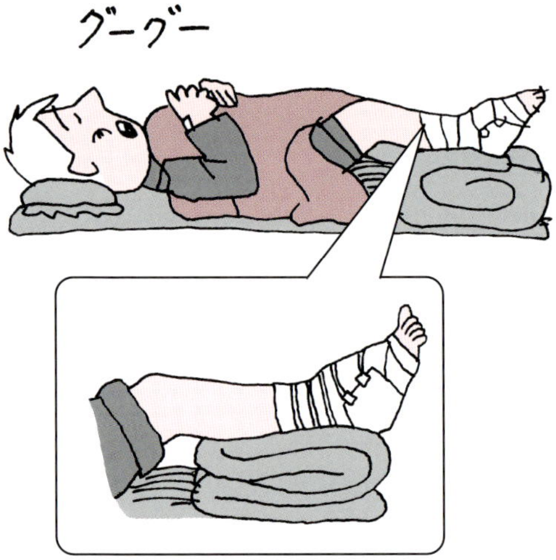

図3-54　就寝中は圧迫と挙上、あるいはそのどちらかだけでも行おう

例えば、足首の捻挫の場合では、寝るときに患部には布団をかけないようにするなどの工夫をすると、患部の保護のために効果があります。寝ている間は放っておくと、足首は布団の重みで内反（内側に捻られる）の状態になります。捻挫は一般的にこの方向に過度に捻って起こすケースが多いので、それによって寝ている間に症状が悪化してしまうことも考えられます。

3 授業中は？

学生の場合はもう一つ、授業中はどうするかという問題があると思います。例えば午前中の練習や授業でけがをしてしまった場合、午後の授業を全部休んで帰宅できればいいのですが、なかなかそうもいかないでしょう。授業ではふつう、じっとしていることが多いのでRICEのうち挙上以外はすべて可能です。先生に事情を話してアイシングを継続させてもらいましょう。

このように可能な限りRICE処置を継続して行うことが、けがの悪化を防ぎ治癒を格段に早めるのは確実です。

3−22

アイスマッサージの特徴と適用

1 氷でマッサージする？

アイシングの一つのテクニックとして、アイスマッサージというものがあります。言葉から受ける印象ではアイシングをしながらマッサージする、あるいは氷を用いてマッサージするといったものを想像する人が多いかもしれません。けれどもこれは通常の筋肉を揉みほぐすマッサージとは全く関係なく、氷を肌に直接当て、それを動かしながら患部を冷やしていくというテクニックです。氷は徐々に溶けていくので、滴り落ちる水を拭き取るタオルを用意しておかねばなりません（図3-55、3-56）。

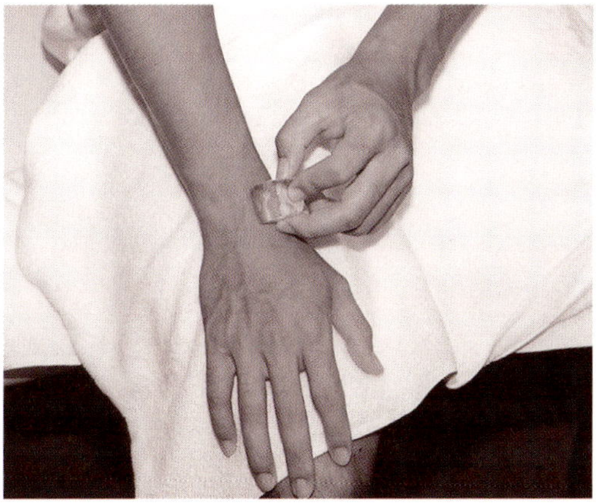

図3-55　キューブアイスを用いた手首へのアイスマッサージ

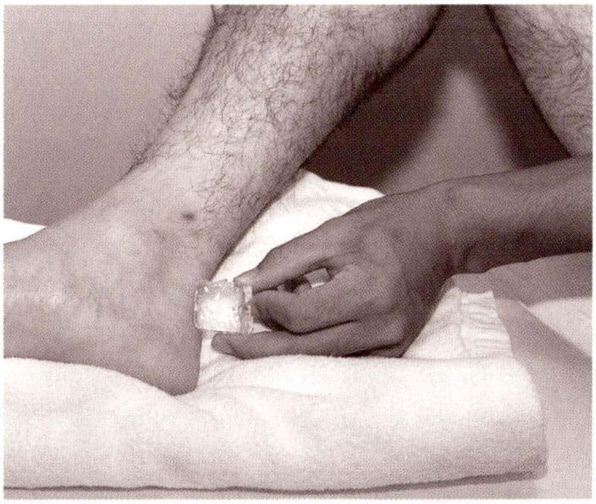

図3-56　キューブアイスを用いたアキレス腱へのアイスマッサージ

2 応急処置より慢性障害のケアに

アイスマッサージはアイスパックを用いる方法と比較して、以下のような特長があります。

・アキレス腱、くるぶし、指などアイスパックが当てにくい部位、あるいは痛みのある特定部位（狭い範囲）を局所的に冷やすのに適している。

・氷を移動させながら冷やすので特定箇所が

冷え過ぎることがなく、凍傷の危険性がほとんどない。

・けがをした患者本人が、積極的に治療をしているという意識を持つことができる。

ただし、圧迫や挙上を併用することができないので、RICE処置の一環として用いるには不向きです。あくまでも冷やすだけのためのテクニックですので、急性傷害の応急処置よりも、慢性的に痛みがある部位へのケアとして用いるほうが一般的です。

3 氷が少なくても可能

アイスパックやアイスバケツを作るには一度に大量の氷が必要です。しかし、アイスマッサージなら、とりあえずキューブアイスが１個あれば可能ですから、氷が不足している急場を凌ぐ方法としても、アイスマッサージは活用できます。

図3-57　紙コップで作った氷（左は割り箸を入れて凍らせたもの）

氷を持つ手が冷たくならない配慮として、図3-57～3-59のように紙コップで作った氷を用いる方法もあります。割り箸を立てて凍らせておけば、アイスキャンディー型の使いやすいものができあがります。

図3-58　紙コップの氷を用いた膝のアイスマッサージ

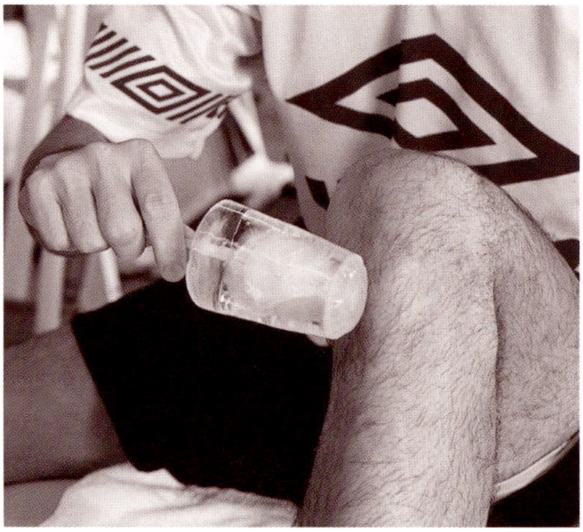

図3-59　割り箸を入れて凍らせた氷を用いたアイスマッサージ

3—23

熱中症に対するアイシング

1 まずは予防を

炎天下の練習中に選手が倒れ、呼吸や脈拍がだんだん速くなる。あるいは、めまいや吐き気をもよおす。脚や腹部の筋肉がけいれんを起こす。これらは、暑い季節のスポーツ活動中に起こる熱中症の典型的な症状です。

このような症状は、自分が経験しないまでも、周囲で起こった例を見たという人も多いでしょう。しかし、比較的よく起こるとはいっても、ひどい場合は死に至ることもある危険な障害ですので、熱中症を軽視してはいけません。

熱中症が起こるのは炎天下ばかりでなく、蒸し暑い体育館や道場内でも起こりますし、時期的にも真夏だけでなく、梅雨明け、急に暑くなった時期などにもよく起こります。残念なことに知識不足で適切な対処を欠き、死亡事故を招くというケースが、いまだにスポーツ現場で毎年のように発生しています。

いうまでもないことですが、最も大切な対処法は予防することです。基礎的な知識を身につけ予防を心掛ければ、熱中症はほぼ100％防げます。ここでは詳しい予防法にまでは触れませんが、スポーツ医学の常識として、以下のような予防法が有効といわれています。

- 極端な暑熱環境では運動しない（練習時間をずらすなどの工夫をする）
- 運動中に十分な水分補給（塩分含む）を行う
- 練習量の調節、休憩の確保を適宜行う
- 体調不良の場合は運動しない
- 熱中症の兆候が表れたら早めに応急処置を施す

2 アイシングの効用

熱中症の応急処置の場面でも、アイシングが有効となります。

熱中症にはいくつかの病態があり、冒頭で挙げためまいや吐き気、あるいは筋肉のけいれんといった症状はどちらかというと軽いものです。これらの症状は、涼しい所で一休みし、水分補給（適度に薄めたスポーツドリンクを飲めば汗で失った塩分を補給することができる）すればかなり回復します。

しかし、場合によっては意識朦朧となり、応答が鈍い、言動がおかしいなどの症状をきたすことがあります。これは熱中症の中でも熱射病と呼ばれる、放っておくと死を招く危険な病態です。体温上昇のために中枢機能の異常をきたしている恐れがあるので、救急車を呼ぶと同時に一刻も早く体温を下げる処置を施さなくてはなりません。そのとき、アイシングが活躍します。

まず患者を涼しいところへ運び、衣服を緩めて仰向けに寝かせます。そして頸、脇の下、脚の付け根など太い血管が通っている部位を冷や

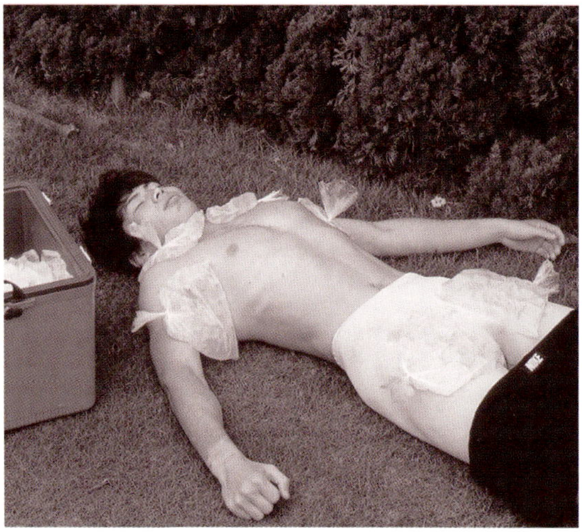

図3-60　熱中症のアイシング
涼しい所へ寝かせ、頸、脇の下、脚の付け根など太い血管が通っている部位にアイスパックを当てる。

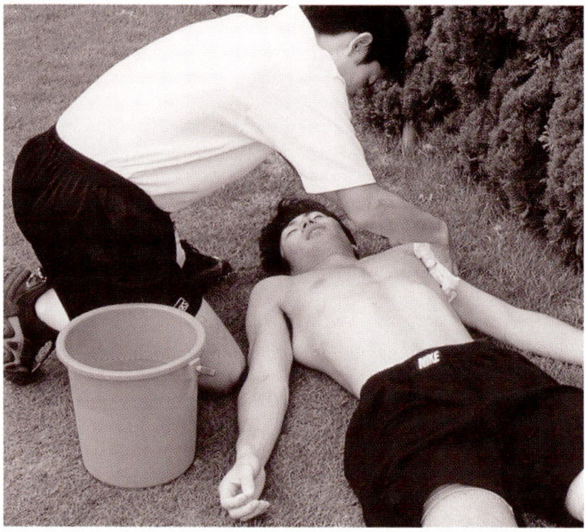

図3-61　濡れタオルで体を拭く
体温を下げる方法としては、濡れタオルで全身を拭くなども有効。

します。氷水に浸したタオル、あるいはアイスパックを用います。流れている血液を冷やすことで、効率的に体全体を冷やそうという処置です（図3-60）。同時に、うちわなどであおいであげるのも効果的でしょう。

熱射病が疑われるほどではない場合でも、熱中症の症状はすべて、暑さのため体温調節機能が異常をきたした結果起こるものなので、とにかく体温を下げる処置が有効となります。上記のような方法で冷やしたり、あるいは濡れタオルで全身を拭いてやったりする（図3-61）と、症状改善に役立つでしょう。

3－24

出血を伴う場合のアイシング

1 創傷と挫傷

スポーツ活動中の外傷を大きく分けると、皮膚に傷があるものとないものに分けられます。前者を創傷、後者を挫傷といいますが、挫傷の場合、ほとんどのケースで応急処置としてはRICEを行えば事足ります。一方、創傷の場合、傷口からのバイ菌侵入による感染症を防止しなければなりません。

創傷の場合は、同時に皮膚の下で打撲を起こしていることも多いのですが、まず泥や汚れを洗い流し、消毒、さらにガーゼや包帯等で保護した後にRICE処置をすることになります。なお、出血がひどく、止まらない場合には止血が何より優先されます。

図3-62　出血を伴う場合のアイシング

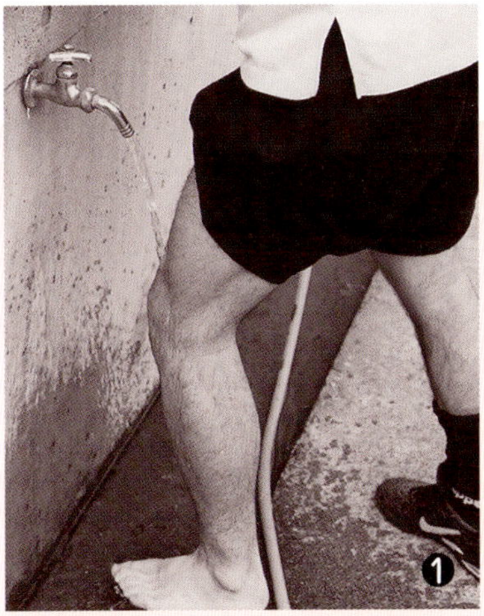

出血しているときは患部をまずよく洗う。

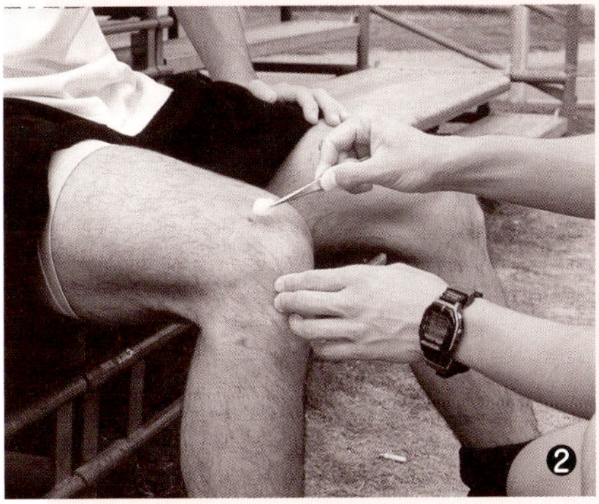

傷口を消毒する。

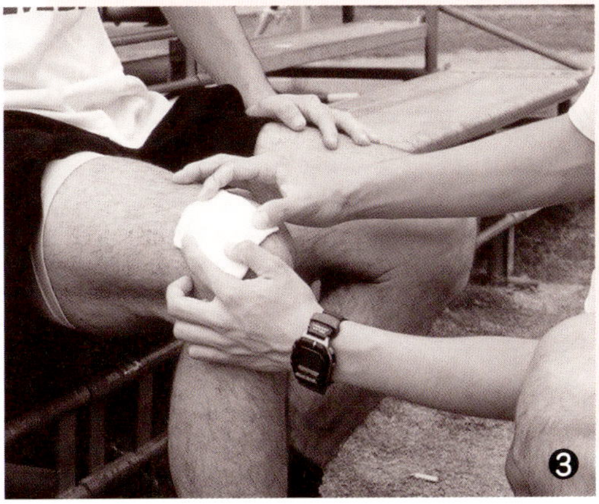

ガーゼで傷口を保護。

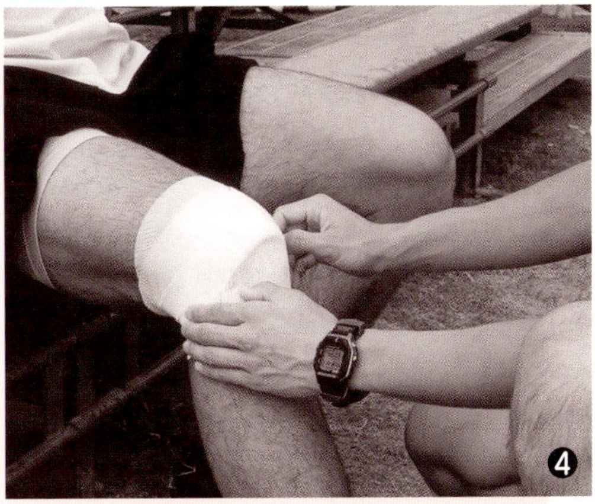

ガーゼの上から包帯を巻く。

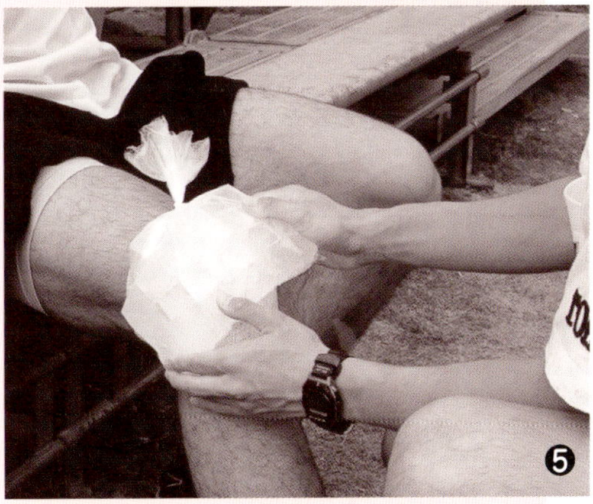

その上からアイスパックを当てる。

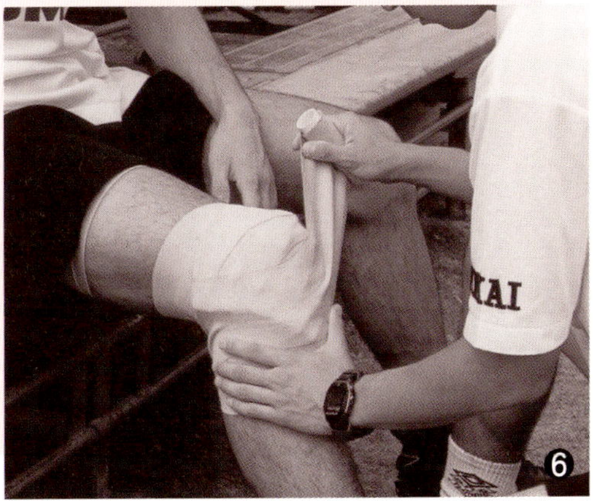

その上からバンデージを巻き、圧迫・固定する。

2 傷の処置だけで安心するな…………

創傷の場合は傷の処置をするだけで安心してしまい、包帯を巻いた上からアイシングするという発想は出てきにくいのですが、後のことを考えると、RICE処置をしっかり行ったほうがよいケースも多々あります。

相手と接触して倒れ、体の一部が強く地面に叩きつけられた場合、また相手のスパイクで蹴られたりヘルメットや防具に激しくぶつかったりした場合などは、まさしく創傷＋挫傷ということが多いでしょう。また、単に転んで擦りむいたときも、多くの場合は打撲を伴っているものです。血が流れていると、どうしてもそちらのほうに気がいってしまい、皮膚の下で起こっている打撲等の症状を忘れてしまいがちですが、場合によっては、創傷よりも打撲のほうが深刻ということも考えられます。

転んだときなどは、傷を負った皮膚の下にも気を回しましょう。そして傷口の処置だけで終わりにせず、包帯を巻いて落ちついたら必要に応じてRICE処置をしましょう。

3—25

疲労回復のためのアイシング①
——ピッチャーの投球後

1 次回の登板のために……………………

野球のピッチャーが登板後に肩や肘をアイシングするのは、疲労回復というよりも、メンテナンスの意味合いが大きいものです。

関節内の腱や靱帯、その周辺の筋肉には、繰り返し行われる投球動作によって目に見えない微細な損傷が起こります。日頃から筋肉や腱を鍛え、また動作も熟練しているプロ野球のピッチャーでさえ、全力投球を繰り返す試合後には、必ずといっていいほどそうした小さな損傷が発生します。試合後、肩が熱い感じがするのは、そうした損傷による炎症反応の表れです。それに対して何もケアしないで放っておくと、損傷は知らず知らずに周囲の組織にまで広がり（20頁参照）、やがて痛みや違和感の原因になることにもなります。痛みや違和感を覚えると、当然パフォーマンスに悪影響を与えますし、そのままプレーを続けると、やっかいな慢性障害に発展することにもなりかねません。

そこで、次回の登板をよりフレッシュな状態で迎えるため、またシーズンを通して肩の調子を可能な限り良好に保つためにトリートメントが必要になります。その一手段としてアイシングが注目され、野球のピッチャーの間に普及したのです。

アイシングが損傷を最小限にくい止め、周囲の組織のダメージを少なくする効果を持つのは、第2章（20頁）で解説した通り。長期的にみれば、選手生命を長く維持するためにもきわめて有効な手段といえます。

実際にやってみるとわかりますが、投球後にアイシングをするのとしないのとでは、翌日以降のコンディションが全く違います。何もしないと翌日、肩がズシーンと重い感じがしていたのに、アイシングをするとかなり軽く感じるとか、張りが少ないとか、選手の実感としてその変化を感じることができます。

この習慣はすでに野球界ではかなり普及したようですが、草野球愛好者などで未経験の人は、ぜひ試してみてください。

2 ピッチャー以外にも

同じ部位に繰り返し負荷がかかる運動をするのは、何もピッチャーだけではありません。練習時には、野手もかなりの球数を投げることになりますので、肩や肘は相当消耗します。できれば野手も、練習後のアイシングを習慣化したほうがいいでしょう。

野球以外でも、同じ動作を繰り返すスポーツはたくさんあります。それらの動作によって肩、肘、手首、膝等の関節には多大な負荷がかかり、知らず知らずのうちに慢性障害が進行してしまう恐れがあります。自分自身の体を護り、よりよいパフォーマンスを維持するために、もっと多くのスポーツ選手がアイシングのよさを実感し、メンテナンスを心掛けていただきたいものです。

特定の部位を酷使したとき、アイシングは間違いなく役立つはずです。

3 具体的方法

①肩

肩は広い範囲を冷やさなければならないので、大きめのアイスパックやバンデージが必要です。アイスパックを肩の前と後ろに当て、上から幅広のバンデージで固定します（図3−63）。

図3-63　投球後の肩のアイシング

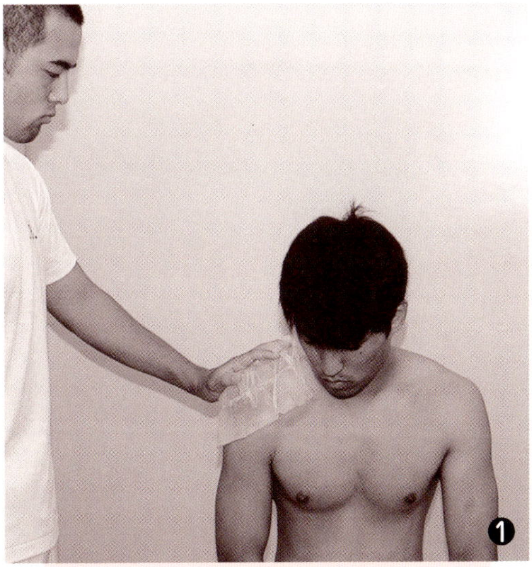

❶ 肩の前と後ろにアイスパックを当てる。

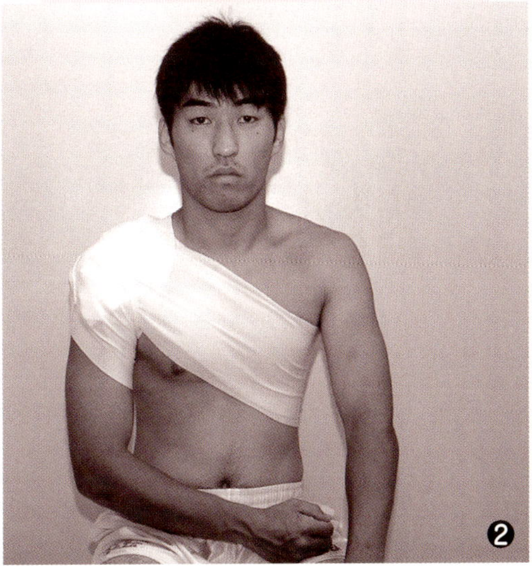

❷ 幅広のバンデージで圧迫・固定する。

②肘

アイスパックを用いてもかまいませんが、バケツなどに氷水を入れてそこに浸すという方法が最も手軽です（図3-64）。

なお、冷やす時間は応急処置のアイシングよりは若干短め、10～15分程度で十分です。タイミングとしては、できる限り運動直後に行うようにします。練習や試合が終わったら、シャワーを浴びる前に手早くすませる習慣をつけるといいでしょう。

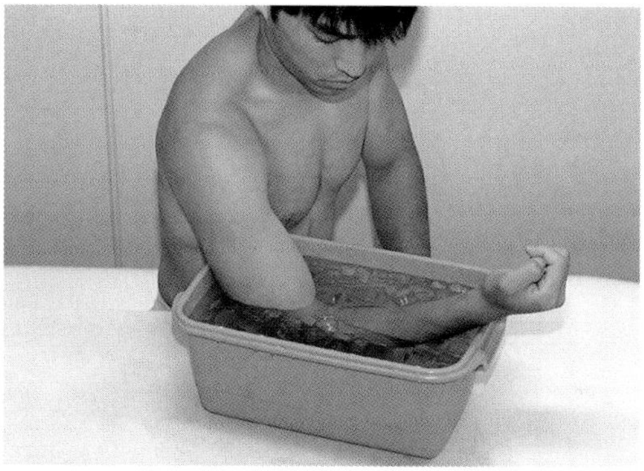

図3-64　アイスバスを用いた肘のアイシング

図3-65　キャンプでの練習後、アイシングをしながらインタビューに応えるアナハイム・エンゼルス（当時）の長谷川投手（共同通信社提供）

3−26
疲労回復のためのアイシング②
――連戦を乗り切るために

1 陸上十種競技の例

大きな大会ほど短期間に集中して競技が行われ、トーナメントを勝ち抜くにしたがってハードな連戦になることもしばしばです。選手にとってはいかに体調を維持し、高いパフォーマンスを出し続けるかが勝敗の決め手になってきます。明日以降の試合やレースに備えて、今日はできるだけ省エネで戦いたい、といった状況も多々あるでしょう。

例えば、陸上の十種競技の場合は、2日間にわたって5種目ずつが行われます。1日目が100 m、走り幅跳び、砲丸投げ、走り高跳び、400 m、2日目が110 mハードル、円盤投げ、棒高跳び、やり投げ、1500 mで、この順番に競技が行われます。

図3-66　ドイツの十種競技大会でみられた1日目終了直後のアイシング

選手は自分の得点と相手の動向を頭に置きながら、省エネに心掛けながら戦わなければなりません。海外の競技会では、1日目の最終種目、400 mが終わった直後に選手が下半身をアイスボックスに浸け、トレーナーが脚全体に氷水をジャブジャブかけている姿がみられます（図3-66）。

2 筋温を下げ省エネを図る

これは前項で触れた繰り返し負荷による微細な損傷への対処という意味合いもありますが、筋温を素早く下げることによる省エネの効果を主に狙ったものと考えられます。激しい運動をした後は、特定部位の筋肉（この場合は脚）の筋温が上昇し、代謝レベルが高まるためにエネルギーの消耗度も激しくなります。つまりその部位では、運動をやめた後も知らず知らずのうちにどんどんエネルギー（筋肉内に貯蔵されているグリコーゲン等）が使われているのです。これは車を停めたまま、ずっとエンジンを吹かしているのと同じこと。

余分なエネルギーが使われれば当然疲労度が増し、翌日の試合に影響します。そこでアイシングによって筋温を下げ、細胞の代謝レベルを

図３-67　陸上リレー選手に対するレース間のアイシング

落としてエネルギーの温存を図ろうというものです。アイシングをした後には通常のクーリングダウンを行います。選手の間では、そうすると明らかに翌日の感じがよいと好評のようです。最近では日本の陸上競技界でもこれが取り入れられ、成果を挙げています（図3-67）。

この方法は、１日のうちに何本もレースや試合をこなさなくてはならないといった場合にも有効です。柔道はその典型で、大会では１日のうちに１回戦から決勝まで行われるのがふつうです。トーナメントを勝ち上がるにしたがって、選手は前腕部がパンパンに張ってきます。

そのときにアイシングを用いると効果的です。アイシングは筋肉のスパズム（26頁参照）の軽減や筋肉痛の予防にも効果的なので、エネルギーを温存する目的だけでなく、筋肉の緊張をほぐすのにも有効です。付添いの人がマッサージやストレッチングを併用し、筋肉をほぐしてやるとなおいいでしょう（図3-68）。

球技のハーフタイムや延長戦前のインターバルでも、このテクニックは応用できます。フォーメーションのチェックや監督の指示を聞きな

図３-68　柔道の試合間のアイシング

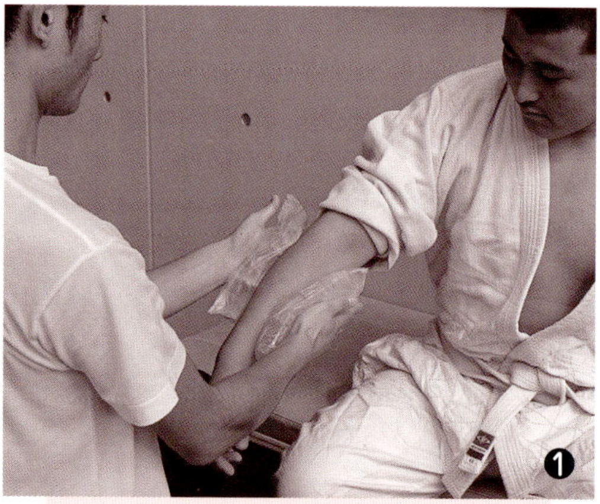

❶ 前腕部の両側からアイスパックを当てて軽くさするように冷やす。

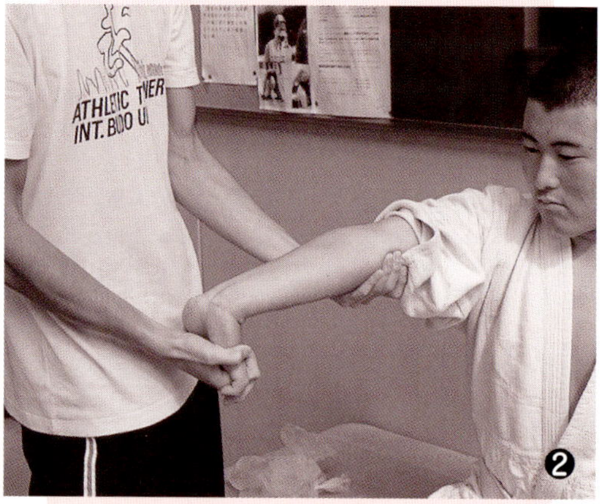

❷ その後、指を組んで前腕部の筋肉をストレッチしてやる。

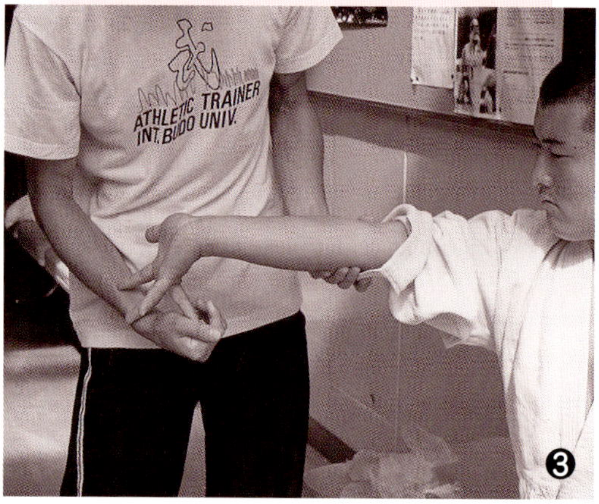

❸ 指を１本ずつ伸ばし、さらに入念にストレッチする。

がら、手早く脚などを冷やす。これは意外に使えると思います。

3 手早く行うこと

このタイプのアイシングは、あくまでも筋温を適度に下げるのが目的ですから、冷やしすぎには注意してください。試合間の短いインターバルに行う場合、冷やしすぎると次の試合やレースに悪影響が出る恐れもあります。動きが鈍くなったり、スピードが落ちたりといった影響です。

それを防ぐためには、できるだけ手早くアイシングをすませること。目安としては、選手自身の感覚で「ほてりが治まる程度」、時間にすれば5分くらいのものです。

3—27

クライオストレッチ

1 プロの技を身近に

アイシングの上級テクニックに、“クライオストレッチ”というものがあります。これはアイシングとストレッチングを組み合わせることによって、筋肉のストレッチ効果をより高めようとするテクニックです。スポーツ選手の体のケアを仕事としているトレーナーらが用いるいわばプロの技ですが、基本となる考え方を理解すれば誰でも応用できます。

2 異常収縮をゆるめる

第2章の「アイシングの生理学」の項目で解説したように、痛みがあったり疲労が激しかったりすると筋肉は硬くこわばり、ストレッチしたくても思うように引き伸ばせないという現象が起きます。硬くこわばった筋肉をほぐす手段としては、例えばマッサージなどがありますが、それと並んでアイシングも有効です。

筋肉が硬くこわばるのは、いわば異常収縮状態で、神経を通して伝えられる「収縮せよ」という命令が過剰になっていることを示しています。アイシングには麻酔効果があるため、この命令をトーンダウンさせ、筋肉をほぐすことができます。肩凝りや腰痛でも、コチコチに張っている人にアイスパックを当ててしばらく冷やすだけでフワッとゆるんでくることがよくありますが、この現象も、神経系に対する麻酔効果によるものです。

私たちは冷気に対して体を縮こませるという反射をします。これに沿って考えると、冷やすとよけいに筋肉が縮んでしまうようが気がしますが、面白いことに実際には全く逆の反応を示し、筋肉はゆるんでくれるのです。

3 どんなときに利用できるか

クライオストレッチの適用としては、前述したように痛みや筋疲労のため通常のストレッチングが困難な場合に最も威力を発揮します。状態でいえば、コチコチに張っている、伸ばそうとすると逆に縮もうとして痛い、ピクピクけいれんするといった場合です。またそれ以外にも、頑固な肩凝り・腰痛、あるいは疲れがたまって柔軟性が低下し、ふだんとは違ったアプローチでストレッチングをしてみたいときなどに試してみるといいでしょう。

4 クライオストレッチの実際…………

最も一般的な方法は、ストレッチする前に、伸ばしたい筋肉をアイスパックを当てるなどしてあらかじめ冷やします。5～10分ほど冷やし、氷を外してから通常のストレッチングをするか、あるいは氷を当てたままストレッチングをします。ストレッチ効果については、まだあまり多くのデータがないのでどちらがいいとはいえませんが、ストレッチングのやりやすさという点では前者のほうでしょう。

さらに応用テクニックとして、アメリカの一部のトレーナーが行っている方法があります。これは通常のストレッチングを行った直後に冷やすというもの。通常のストレッチングを行い、限界まで伸びたところで、すかさずその筋肉を冷やす。すると伸びた状態を筋肉が記憶し、時間が経っても元に戻りにくいということです。十分な科学的裏付けはありませんが、肯定的な実験データもあり、注目を集めつつあるテクニックです。

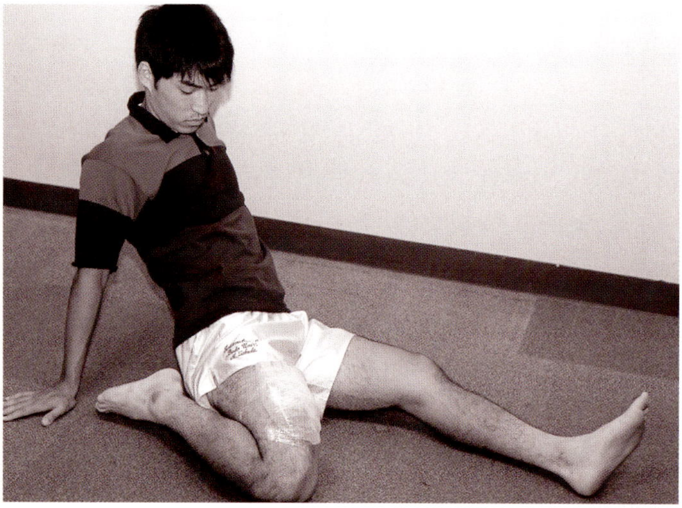

図3-69 大腿部前面（大腿四頭筋）のクライオストレッチ
アイスパックの上からラップを巻いて固定している。図3-70も同様。

図3-70 ふくらはぎのクライオストレッチ

3−28

クライオキネティックス

1 リハビリの一手段

前項のクライオストレッチと並んで、プロのトレーナーが好んで用いるテクニックに“クライオキネティックス”があります。英語で書けばcryo-kineticsですが、cryoは冷却を、kineticsは運動を意味する単語です。つまりクライオキネティックスとは、簡単にいえば冷やして動かすこと。アイシングと運動を組み合わせてけがからの回復を早めるテクニックで、リハビリテーションの一手段と捉えればわかりやすいでしょう。

2 動かしたほうが治りが早い

クライオキネティックスは、「けがによって損傷を受けた組織は適度のストレスを与えたほうが修復が早い」という考え方に基づいています。

足首の捻挫を例に説明しましょう。このけがは、足関節を過度に捻ったりして、靱帯が引き伸ばされて損傷を負うものです。回復のためには、損傷を負った靱帯の組織が修復されなければなりません。もちろん、安静にしていても組織は修復されるのですが、適度な刺激を与えたほうが修復が早く進むとされています。

図3−71は捻挫によって壊された靱帯をモデル化したものです。壊された部分には、血液によってこれを修復するための材料（たんぱく質など）が次々と運ばれてきます。その修復材料は何もしないと不規則な状態で置かれたままですが（左図）、靱帯の線維を適度な張力で引っ張ってやると、もともとの線維の走行に近い配列に並んでくれます（右図）。この適度な張力を与えるのに最も有効な手段が運動であり、運

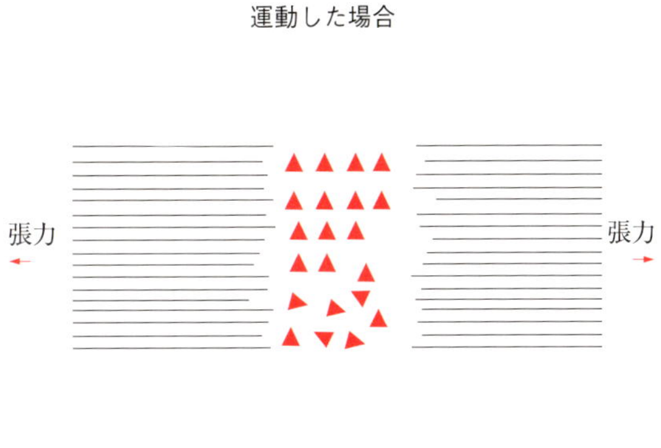

（『月刊トレーニング・ジャーナル』1997年7月号）

図3−71　靱帯の修復過程モデル

1．足関節の底屈／背屈（無負荷）
2．ストレッチング（坐位でストレッチングボードを使用しての底背屈など）
3．坐位でのカーフレイズ（坐位で踵を上げる）
4．足関節の底屈／背屈（徒手抵抗）
5．足関節の底屈／背屈（チューブ抵抗）
6．立位でのカーフレイズ
7．バランス訓練
8．タンデム歩行（踵─つま先歩行、床面に貼ったテープに沿ってゆっくり歩行）
・歩幅／スピードを徐々に増幅
・歩容をチェック（大鏡など利用）
9．横歩き／後ろ歩き
10．ジョギング
・直線→S字→ジグザグ
11．ダッシュ
・直線→S字→8の字
12．カッティング

（『Sportsmedicine Quarterly』No.21、1997）

図3-72　足首の捻挫のクライオキネティックスで用いる漸増負荷運動の例

動することによって修復が早く進み、けがの回復が早まると考えられています。

3 アイシングの利用法……………………

捻挫の程度にもよりますが、もし可能なのであれば、できるだけ早く運動を開始したほうが早く治る（つまり早く競技復帰できる）ことになります。

ところが捻挫をした直後というのは、痛みや腫れがあって簡単には患部を動かすことができません。これを解決する手段がクライオキネティックスなのです。軽い捻挫の場合、応急処置としての第1回目のアイシング（RICE）が終了した時点で、軽い運動が可能になります。なぜかというとアイシングによって麻酔作用が働き、痛みがかなり軽減して患部を動かすことが可能になるからです。

足首の捻挫をしたときの段階的なクライオキネティックスの例を示しましょう。

1回目のアイシングが終わって、もし可能ならば足首を上下に動かしてみる。そして2回目のアイシング。次は座った状態でカーフレイズ（踵を上げる）。3回目のアイシング。パートナーが抵抗を加えて足首を上下に動かす。4回目のアイシング……。という具合です（図3-72）。

冷やしながら運動するテクニックもあります。例えばアイスバケツの中に足をつっこんだまま、アルファベットをAからZまで書く、といった運動です。

4 クライオキネティックスの適用…

プロのトレーナーは、選手の状態をみながら少しずつ運動の負荷を上げていき、可能な限り早く練習や試合に復帰させるのが仕事です。場合によっては、けがをしてから数分間でリハビリを終え、すぐに試合に復帰させるということすらあります。その過程でクライオキネティックスは、なくてはならぬテクニックなのです。

しかし、そのテクニックを用いるにはそれ相当の知識と経験が必要で、一般の人たちが簡単に真似できるものではありません。やり方を間違えるとけがをかえって悪化させてしまう危険性もあります。もしこれを取り入れるならば、専門知識を持ったトレーナーや医師と相談のうえ、細心の注意を払いながら行ってください。

3−29

冷やす vs 温める

1 どこが問題か

冷やしたほうがいいか温めたほうがいいのか。この選択はときに専門家も悩む難しい問題です。ただし、これが問題となるケースは限られていて、どんなけがや痛みにも当てはまるわけではありません。まず、そのへんの論点を明らかにしましょう。

RICE処置が必要な急性傷害の場合は、けがの範囲が広がるのを抑えなければなりませんので、まずアイシング、つまり冷やすという対応で間違いありません。

一方、慢性障害はどうでしょうか。そうです。温めてもいいケースが出てくるのはこちらのほうです。冷やしても痛みが和らぐし、温めても同じ効果が得られる。どちらを使っても有効です。

硬くこわばって動かしにくい状態になっている筋肉をほぐすときも同様です。このときも、冷やしてもいいし温めてもいい。どちらも効果があります。このようなケースで、どちらを選択するかが問題となるのです。

2 炎症が強ければアイシング

慢性障害があるとき、その部位の状態はさまざまです。ただ痛みだけがあり、他の炎症症状はほとんどみられない場合。反対に、痛みとともに熱や腫れといった炎症も少なからずみられる場合。前者は温めても問題はないと考えられますが、後者を温めると、炎症症状を助長してしまう恐れがあります。ですから、どちらかといえば冷やすほうを選択したほうが無難です。

図3-73　迷ったときは冷やしたほうが無難

捻挫や肉離れといった急性のけががほとんど治って、まだなんとなく痛みや違和感が残っている場合なども同様です。そのとき、炎症がまだ強く残っているようであれば、温めるのは避けたほうが無難です。炎症がほとんどなくなり、そろそろ血液循環を活発にしたほうがいい時期になったら、温めても問題はありません。

3 迷ったら冷やす…………

図3-74　ボクシングではラウンド間のケアにアイシングが活用されている

このようにしてみてくると、「冷やすvs温める」という観点で両者を比べると、リスクが少ないのは冷やすほうです。温めてけがが悪化することはあっても、冷やして悪化することはまずありません。ですから、迷ったら冷やすほうを選択するのが無難でしょう。

冷やすという行為は温めるのに比べて刺激が強いため、嫌われる傾向にあります。特に冬場は敬遠されがちです。そんなとき、「温めたほうが気持ちがいいから」という単純な理由だけで温めるほうを選択しているとすれば、とんでもない間違いを犯している可能性があります。

冷やすか温めるか。どちらが体にとって有効かをしっかり検討してから最良の選択をしましょう。

参考文献

○山本利春ら「筋のコンディショニングを目的としたアイシングの効果」『武道・スポーツ科学研究所年報』第1号、P.73-80、1996

○Yamamoto T., et al.: Incidence of adverse effects by cold application after athletic injury : Four cases of frostbite which developed after cold application., Jpn J. Orthop. Sports Med. 18(4):337-342, 1998.

○山本利春「運動後のアイシングの効果を測る；クーリングダウンとしてのアイシングがパフォーマンスに及ぼす影響」『Training Journal』第20巻5号、P76-79、1998

○山本利春「スポーツ傷害時の応急処置法―RICE処置―」『体育科教育』第44巻4号、P.74-75、1996

○山本利春「アスレチックトレーナーによる伸縮性包帯を用いたラッピング時の圧力～アイスパックの有無、トレーナーの熟練度、足関節と大腿部の比較～」（翻訳）『臨床スポーツ医学』第9巻4号、P.478-480、1992

○山本利春・宮腰浩一「柔道選手におけるカリフラワーイヤーの実態」『国際武道大学研究紀要』9、P.69-73、1993

○吉田陽一「氷を当てて、『暖かく』感じるのはなぜか」『Training Journal』第11巻8号、P.33-34、1989

○吉田陽一「0℃の氷と-20℃の氷のどちらを使うべきか」『Training Journal』第11巻5号、P.48、1989

○吉田陽一「運動を助けるためのアイシング」『Training Journal』第11巻4号、P.74-75、1989

○吉田陽一「アイシングで感じる4つのステージ」『Training Journal』第10巻10号、P.28-29、1988

○「特集：ケガに備える、アイシングの24時間～氷の準備からケガの翌日まで～」『Training Journal』第11巻10号、P.10-11、1989

○吉田陽一「役に立つ氷の使い方―現場でできるアイス・マッサージ、アイス・パック」『Training Journal』第8巻9号、P.13-16、1986

○「特集：痛くなる前に冷やす　スポーツ障害のための冷却法の実際」『Training Journal』第9巻11号、P.16-26、1987

○「やってみると意外に分からない“ICE”」『Training Journal』第8巻5号、P.10、1986

○「特集：足関節捻挫を克服する」『コーチング・クリニック』第11巻1号、P.6-20、1997

○「特集：毎日のリコンディショニング」『Training Journal』第18巻7号、P.8-24、1996

○吉田陽一・山本利春「アイシングに関する諸問題」『Training Journal』第13巻10号、P.36-42、1991

○臨床スポーツ医学編集委員会『スポーツ外傷・障害の理学療法』文光堂、1997

○Kenneth I. Knight（田渕健一監修）『クライオセラピー　スポーツ外傷の管理における冷却療法』ブックハウス・エイチディ、1997

○『Sportsmedicine Quarterly』No.21、ブックハウス・エイチディ、1997

○増田雄一・山本利春『スポーツマッサージ』新星出版社、1997

○『コーチング・クリニック』第12巻12号、ベースボール・マガジン社

○『コーチング・クリニック』第14巻8号、ベースボール・マガジン社

○㈳日本整形外科学会『けがをしたときのスポーツ医へのかかり方』1997

さくいん

あ

アイシング……6
アイシング時の三禁……80
アイシングの道具……33,38
アイシングをしてはいけない人……68
アイス……24,46
アイスバス……65
アイスパック……39,65,68
アイスパックの作り方……36
アイスバンデージ……41
アイスボックス……41
アイスマッサージ……45,65,68,77,83
アキレス腱炎……76
アキレス腱の痛み……76
足首の痛み……77
足首の捻挫……50,82
足首の捻挫のクライオキネティックス……96
足の裏の痛み……74
圧迫……24,46
アレルギー反応……68
安静……24,45,81
痛み……23,26,32
一次損傷……22
移動中のアイシング……82
医療現場……14
インターバルタイム……13,92
ウォーミングアップ……13,31
エレベーション……25,46
炎症……9,23,97
応急処置……7,25
オーバーユース障害……75
オーバーユース症候群……67
オスグッド病……12,67

か

外反捻挫……50
顔の軽い打撲……62
鵞足炎……67
肩……89
肩の痛み……70
肩のインナーマッスル……70
家庭用冷蔵庫……34,49,79
紙コップで作った氷……84
カリフラワーイヤー……61
帰宅後のアイシング……49
ぎっくり腰……57
急性傷害……97
キューブアイス……38
挙上……25,46
筋温……12,91
筋・筋膜性腰痛……73
筋けいれん……10
筋疲労……29
クーリングダウン……30
口の中を切ったとき……62
クライオキネティックス……95
クライオストレッチ……93
クラッシュアイス……38
クリッカー……45
血流量……31
肩甲骨周辺の痛み……71
後脛骨筋……75
氷……33,38
氷の確保法……18
コールドゲルパック……78
コールドスプレー……35,80
コールドパック……33,44
腰の痛み……72
こむら返り……9
コンプレッション……24,46

さ

細胞……20
挫傷……86
湿布薬……16,35
シャワー……81
ジャンパー膝……66
就寝中のアイシング……82
出血を伴うけが……10,56,86
消炎鎮痛剤……17
伸縮性の包帯……40
シンスプリント……75
靱帯の修復過程モデル……95
じんましん……68
すねの痛み……75

スパズム ……26,32
成長期の障害 ……11
製氷機 ……34,43,79
生理学的効果 ……16,20
前距腓靱帯 ……50
創傷 ……86
足底筋膜炎 ……74

た

代謝レベル ……16,22
大腿二頭筋 ……52
大腿部後面の肉離れ ……52
大腿部の打撲 ……55
脱臼 ……15
脱臼の後遺症 ……71
打撲 ……55,62
たんこぶ ……62
チャーリーホース ……55
腸脛靱帯炎 ……67
椎間板ヘルニア ……73
突き指 ……59
手首の痛み ……77
テニス肘 ……65
トウキャップ ……43,51
凍傷 ……34,35,78
頭部の軽い打撲 ……62

な

内出血 ……16,20,55
内反捻挫 ……50
肉離れ ……52
二次的低酸素障害 ……21
熱射病 ……85
熱中症 ……85
捻挫 ……50

は

ハーフタイム ……13,92
バケツ ……42
発熱 ……23
ハムストリングス ……52,67
腫れ ……8,23,25
半腱様筋 ……52
バンデージ ……40
半膜様筋 ……52
膝の痛み ……66
肘 ……89
肘の痛み ……62
ビニール袋 ……39
氷嚢 ……40
疲労回復 ……29,88,91
風呂 ……81
ポリ容器 ……42

ま

麻酔効果 ……28
麻酔作用 ……23
慢性障害 ……10,97
慢性痛 ……26
モモカン ……55

や

野球肘 ……12,63
融解熱 ……33
腰椎分離症 ……73

ら

リハビリ ……14,95
冷却 ……24,46
冷却能力 ……34
冷却媒体の温度 ……78
レイノー現象 ……68
レスト ……24,45
ロックアイス ……39

A-Z

Compression ……24,46
Elevation ……25,46
Ice ……24,46
Rest ……24,45
RICE ……24,45,48
RICE 処置 ……25,51,82
Secondary Hypoxic Injury ……21

●著者略歴

山本利春（やまもと　としはる）

1961年、静岡県生まれ。83年順天堂大学卒、85年同大学院修了。現在、国際武道大学体育学部及び大学院教授。医学博士、日本体育協会公認アスレティックトレーナーマスター。特にスポーツ傷害の予防やリコンディショニングなど、スポーツ現場に役立つ実践的な研究を行うかたわら、トレーナーの指導・育成に力を注いでいる。主な著書に『柔軟性の科学』監訳、『スポーツ指導者のためのコンディショニングの基礎知識』（共に大修館書店）、『ストレッチの教科書』（新星出版社）、『防ごう！治そう！スポーツのケガ』（河出書房新社）などがある。http://trainer1985.kir.jp

吉永孝徳（よしなが　たかのり）

1966年、福岡県生まれ。

オービックシーガルズ・アメリカンフットボールチームヘッドトレーナー

（1996、1998、2005、2010、2011、2012、2013年度日本選手権優勝）

国際武道大学体育学部卒業、インディアナ州立大学大学院修了

NATA公認アスレティックトレーナー

日本体育協会公認アスレティックトレーナー

第1回～5回アメリカンフットボール世界選手権日本代表チームトレーナー

ブログ「勝1.01」

http://www.seagulls.jp/blog/yoshinaga/index.html

Facebookアルバム「GET Gallery」

GET（G：逆境を、E：笑顔で、T：楽しむ）な根性ある笑顔と言葉展

http://www.facebook.com/gogotak1/

スポーツ アイシング

NDC 780 101p 24cm

初版第1刷発行──2001年5月1日

第12刷発行──2015年9月1日

著者──────山本利春《やまもととしはる》　吉永孝徳《よしながたかのり》

発行者─────鈴木一行

発行所─────株式会社大修館書店

〒113-8541 東京都文京区湯島2-1-1

電話 03-3868-2651（販売部）03-3868-2299（編集部）

振替 00190-7-40504

［出版情報］http://www.taishukan.co.jp/

装丁者─────㈲リトルフット

企画協力・構成─宮村　淳／本文レイアウト─加藤　智

本文イラスト─イー・アール・シー

印刷所─────横山印刷

製本所─────難波製本

ISBN978-4-469-26464-7　Printed in Japan